T0368390

Basiswissen Informatik

Eckart Zitzler

Basiswissen Informatik

Grundideen einfach und anschaulich erklärt

3. Auflage

Mit Abbildungen von Magdalena Siegenthaler

Unter Mitwirkung von Andreas Marfurt,
Andrea Meuli und Magdalena Siegenthaler

 Springer

Eckart Zitzler
Informatik
Hochschule Luzern
Rotkreuz, Schweiz

ISBN 978-3-662-70120-1   ISBN 978-3-662-70121-8   (eBook)
https://doi.org/10.1007/978-3-662-70121-8

Die Deutsche Nationalbibliothek verzeichnet diese Publikation in der Deutschen Nationalbibliografie;
detaillierte bibliografische Daten sind im Internet über http://dnb.d-nb.de abrufbar.

Zeichnungen, wenn nicht anders erwähnt: Magdalena Siegenthaler nach Vorlagen von und in Zusammenarbeit mit Eckart Zitzler. Diese Zeichnungen sind unter die Creative Commons-Lizenz CC BY-NC 4.0 gestellt
und stehen unter www.eckartzitzler.ch zum Download zur Verfügung.

Einbandabbildung: stock.adobe.com/176566967

Planung/Lektorat: Andreas Rüdinger
Springer ist ein Imprint der eingetragenen Gesellschaft Springer-Verlag GmbH, DE und ist ein Teil von
Springer Nature.
Die Anschrift der Gesellschaft ist: Heidelberger Platz 3, 14197 Berlin, Germany

Wenn Sie dieses Produkt entsorgen, geben Sie das Papier bitte zum Recycling.

Vorwort

Als ich die Arbeit an meinem vorherigen Buch „Dem Computer ins Hirn geschaut" begann, hatte ich eine Einführung in die Informatik im Sinn, die sowohl ohne technische Details auskommt als auch Bezüge zum Lebendigen aufzeigt. Es ging mir darum, generelle Prinzipien der Informationsverarbeitung zu illustrieren. Je tiefer ich in die Materie einstieg, desto faszinierender und zahlreicher wurden die biologischen Querbezüge, und das Werk wuchs und wuchs. Der Didaktiker in mir mahnte, aber der Wissenschaftler hat sich letztlich durchgesetzt: Das Ergebnis ist eine umfassende Darstellung der Computerwissenschaften, die aufgrund ihres interdisziplinären Zugangs einen beachtlichen Umfang erreichte. Mir war klar, dass nicht alle die Muße und das Bedürfnis haben, sich so intensiv mit der Thematik auseinanderzusetzen. Insofern reizte es mich, die Informatik auch für diejenigen zugänglich zu machen, die nicht so viel Zeit investieren wollen oder können. Das Ziel: eine kompakte Einführung, die individuell und leichtfüßig durchschritten werden kann und sich – aus didaktischer Perspektive – auf das Wesentliche beschränkt. Herausgekommen ist nun dieses Büchlein, welches in der dritten Auflage vorliegt und um ein Kapitel über Chatbots und große Sprachmodelle erweitert wurde.

Mein Dank gilt Andrea Meuli und Magdalena Siegenthaler, die die Rohfassung des Buches gründlichst und vor dem Hintergrund ihrer langjährigen Bildungspraxis kritisch beleuchtet und so ganz wesentlich zur kontinuierlichen Verbesserung beigetragen haben. Magdalena Siegenthaler hat zudem mit großem Engagement und in liebevoller Kleinarbeit die Zeichnungen in diesem Buch angefertigt und dabei außerordentliches Geschick bewiesen, meine krakeligen Skizzen zu entziffern und ihnen sinnvolle Informationen zu entnehmen. Ebenfalls ganz herzlich bedanke ich mich bei Oliver Käsermann und Ruedi Arnold für das sorgfältige Durchlesen des Manuskripts und die wertvollen, konstruktiven Rückmeldungen sowie bei Alexander Denzler, Esther Hänggi, Marc Pouly und Richard Wetzel, die die Beschreibung ihres jeweiligen Forschungsgebiets wohlwollend und profund gegengelesen und mit ihren Anregungen geschärft haben. Kap. 20 ist in enger Zusammenarbeit mit Andreas Marfurt entstanden, dem ich für die anregenden und klärenden Diskussionen zu besonderem Dank verpflichtet bin. Auch Barbara Lühker und Andreas Rüdinger vom Springer-Verlag sowie dem Korrektor, Alexander Reischert, möchte ich meinen großen Dank aussprechen für ihre Unterstützung und die professionelle Zusammenarbeit. Die Fehler, die sich trotz der vielen wachen Augen in die vorliegende Ausgabe eingeschlichen haben, gehen natürlich auf mein Konto – meine Hoffnung ist, dass es nur wenige sind.

Bern   Eckart Zitzler
im Juli 2024

Vorspann: Wieso, weshalb, warum?

Um die Informatik kommt heute niemand mehr herum. Informatik ist die Disziplin, die sich mit Computern beschäftigt: wie man sie baut, wie man sie einsetzt und welche Möglichkeiten und Beschränkungen ihnen innewohnen. Informatik ist auch die Treiberin hinter der Entwicklung der Computertechnologie, die mittlerweile jede Facette unseres Alltagslebens durchdringt und das Fundament für die grundlegenden gesellschaftlichen Veränderungen darstellt, die wir derzeit beobachten können und unter dem Begriff der Digitalisierung subsumiert werden. Künstliche Intelligenz, Robotik, Kryptografie, Big Data, Internet der Dinge sind nur ein paar ausgewählte Schlagworte, die damit verbunden werden.

Die Geschwindigkeit dieser Entwicklungen ist atemberaubend, die wiederum große Auswirkungen auf unser Leben und das Zusammenleben in der Gesellschaft haben. Umso wichtiger ist es, hier mitzureden und mitzugestalten, insbesondere bei der Nutzung der Computertechnologie. Nicht jede und jeder muss dafür Informatikerin bzw. Informatiker werden, auch nicht Programmiererin bzw. Programmierer, aber ein Grundverständnis der zentralen Ideen ist essenziell, will man sich an der Diskussion beteiligen und nicht nur als reine Konsumentinnen und Konsumenten auftreten und passiv beobachten. Dem wird auch verschiedentlich Rechnung getragen; in der Schweiz beispielsweise ist die Informatik mittlerweile in der Schule auf allen Stufen verankert.

Dieses Büchlein ist für all diejenigen gedacht, die wenige Vorkenntnisse haben, eine leicht verdauliche, niederschwellige Einführung in dieses Gebiet suchen und sich ein Basiswissen Informatik aneignen wollen – aus persönlichem und/oder beruflichem Interesse. In 18 Kapiteln werden die

Schlüsselbegriffe, die der Computertechnologie zugrunde liegen, in überschaubaren Portionen und reichhaltig bebildert erläutert. Zwei weitere Kapitel beschäftigen sich mit neueren Entwicklungen in der Informatik. Dabei wird bewusst auf technische Details, Formeln und abschreckende Definitionen verzichtet, der Fokus liegt auf dem Verstehen der Ideen.

Der Kern des Buchs ist in drei Teile untergliedert. Im ersten Teil geht es um den Grundstock – die thematisierten Begriffe werden Ihnen bekannt vorkommen, wenn auch vielleicht nicht in der dargestellten Perspektive. Jeder folgende Teil taucht dann ein bisschen weiter in die Materie ein, vertieft bereits andiskutierte Themen und betrachtet weitere. Die Kapitel bauen aufeinander auf und sind auf ein Von-vorne-nach-hinten-Lesen ausgerichtet, was aber nicht heißt, dass Sie alles durcharbeiten oder die vorgeschlagene Kapitelreihenfolge einhalten müssen. Das Buch ist so konzipiert, dass Sie das Niveau bestimmen können, das Sie persönlich erreichen wollen. Ob die nächste Stufe genommen werden soll, entscheiden Sie mit jedem Teil selbst. Der lockere, teilweise saloppe Schreibstil sollte aber nicht darüber hinwegtäuschen, dass die erläuterten Konzepte im Detail ziemlich kompliziert sein können. Erwarten Sie also nicht, nach der Lektüre programmieren zu können oder die Informatik vollständig durchschritten zu haben. Es ist eine Einführung, ein Überfliegen des Themas, sodass Sie zukünftig eine konkrete Vorstellung von dem Dahinter haben, wenn Sie mit Worten wie Algorithmus, Datenkomprimierung, Router oder Prozessor konfrontiert sind.

Der vierte Teil betrachtet die Informatik aus einer Gesamtperspektive und stellt exemplarisch vier aktuelle Forschungsgebiete vor: Deep Learning, Blockchain, Quantum Computing sowie Virtual/Augmented Reality. Dabei wird die Thematik des Deep Learning noch weiter vertieft: Ein separates Kapitel setzt sich mit Chatbots und großen Sprachmodellen auseinander.

Also, worauf warten Sie? Ich wünsche Ihnen ein gutes Gelingen!

PS: Die Zeichnungen in diesem Buch stehen zum Download zur Verfügung unter: https://eckartzitzler.ch.

Über dieses Buch

Dieses reich bebilderte Sachbuch bietet Ihnen einen einfachen, aber fundierten Einstieg in das Gebiet der Informatik und erklärt Schritt für Schritt, wie Computer und Internet funktionieren. In 18 Kapiteln werden die Schlüsselbegriffe, die der Computertechnologie zugrunde liegen, in überschaubaren Portionen erläutert, zwei weitere Kapitel widmen sich neueren Entwicklungen und stellen exemplarisch aktuelle Forschungsgebiete vor.

Dabei wird bewusst auf technische Details, Formeln und komplizierte Definitionen verzichtet, der Fokus liegt auf dem Verstehen der Ideen. Es geht um digital und analog, die innere Funktionsweise und den Aufbau von Computern, um Codierung, Programmiersprachen, Algorithmen und Datenstrukturen, um die Prinzipien und die Nutzung des Internets sowie um Künstliche Intelligenz, Verschlüsselung und Sicherheit.

Das Buch ist in vier Teile untergliedert, führt vom Einsteigen über das Vertiefen zum Durchdringen und schließt mit dem Orientieren ab. Es richtet sich an alle Einsteigerinnen und Einsteiger, die ein Basiswissen in Informatik erwerben und hinter die Kulissen der digitalen Welt schauen wollen. Damit die Computerwissenschaft kein Buch mit sieben Siegeln bleibt.

Die vorliegende 3. Auflage ist ergänzt um ein Kapitel zu großen Sprachmodellen, das die Funktionsweise von modernen Chatbots beleuchtet.

Inhaltsverzeichnis

Über den Autor

Eckart Zitzler ausgebildeter Informatiker und Lehrer, arbeitete als Assistenzprofessor an der ETH Zürich, als Dozent an der PHBern und als Informatiklehrer am Freien Gymnasium Bern. Heute ist er als Vizedirektor und Leiter Forschung am Departement Informatik der Hochschule Luzern tätig.

Teil I
Einsteigen

1

Das Werkzeug mit dem Zeug zu mehr – der Rechner

Warm-up

Die Informatik beschäftigt sich mit dem wohl vielseitigsten Werkzeug, das der Mensch je entwickelt hat: dem Computer. Computer können Texte analysieren, Musik wiedergeben, Strategiespiele wie Schach und Go spielen, Gebäude überwachen, Autos steuern, Gesichter erkennen und sogar Stimmungen darin lesen. In nahezu allen Bereichen des Alltags sind Computer beteiligt, ob wir nun mit anderen kommunizieren, nach Informationen suchen oder uns fortbewegen. Und sie begegnen uns in verschiedensten Formen, vom Smartphone und dem Laptop über den Staubsauger und die Nähmaschine bis zum Ticketautomaten und zum Aufzug. Bei dieser Vielfalt drängt sich die Frage auf: Was ist eigentlich ein Computer, was macht sein Wesen aus?

Die Erweiterung des Körpers

Wir Menschen sind Meister der Werkzeuge, keine Frage. Eine Zwiebel zerlegen wir nicht mit der bloßen Faust, sondern mit einem scharfen Messer. Eine heiße Kartoffel ergreifen wir mit einer Gabel und Tomatensuppe essen wir mit einem Löffel. Messer, Gabel und Löffel sind Stellvertreter für alltägliche Werkzeuge, die unser Handlungsrepertoire erweitern. Sie erlauben uns Dinge zu tun, die wir mit bloßen Händen nicht oder nur schlecht bewerkstelligen könnten. Aus diesen einfachen Hilfsmitteln entstanden mit der Zeit immer ausgeklügeltere und spezialisiertere Werkzeuge: Aus dem Löffel entwickelte sich ein Quirl, und aus diesem wiederum ging der mechanische Handmixer hervor, mit dem wir über eine Kurbel und eine geschickte Kraftübertragung wesentlich schneller rühren können. All diesen Utensilien

© Springer-Verlag GmbH Deutschland, ein Teil von Springer Nature 2025
E. Zitzler, *Basiswissen Informatik*, https://doi.org/10.1007/978-3-662-70121-8_1

ist gemein, dass sie mit unserer Kraft betrieben werden; sie erweitern quasi unsere Extremitäten, so wie ein Tennisschläger unsere Hand in eine große, federnde Fläche verwandelt.

Später kamen Werkzeuge hinzu, die selbstständig Handlungen ausführen können und Tätigkeiten automatisieren. Wenn wir beim Essen bleiben, dann war es die Elektrizität, die den Boden für neuartige Haushaltsgeräte ebnete. Fans der Mousse au Chocolat schätzen den strombetriebenen Mixer, mit dem sich Sahne ohne Krafteinsatz schlagen lässt, Kartoffelpuffer gelingen schneller mit einer elektrischen Reibe, die verschiedenste Gemüse in feine Scheiben zerschneidet. Hier wenden wir nicht mehr einzig unsere eigene Energie auf, sondern agieren mit solchen Bewegungsautomaten kraftverstärkt. Schließlich erweiterte sich das Anwendungsspektrum der Geräte, sie wurden flexibler einsetzbar. Eine Küchenmaschine ist ein hochautomatisiertes Allround-Werkzeug, mit dem wir in einer Küche schnell und mühelos Lebensmittel verarbeiten und Speisen zubereiten können: Kneten, Rühren, Zerstückeln, Pürieren, alles mit demselben Gerät. In der Küche finden wir also alles vom passiven über das aktive bis hin zum flexiblen automatisierten Werkzeug, siehe Abb. 1.1.

Die Erfindung der Rechenwerkzeuge

Letztlich ist der Computer auch ein Werkzeug. Ein mächtiges Werkzeug, ein universelles Werkzeug. Und ein Werkzeug, das sich immer mehr verselbstständigt, also Aufgaben übernimmt, bei denen der Mensch nicht oder nur am Rande involviert ist. Seine Ursprünge fußen auf dem Wunsch, nicht nur Speisen, sondern auch Zahlen verarbeiten zu können, also den Denkvorgang des Rechnens zu erleichtern und schließlich zu automatisieren. Der Computer erweitert in dem Sinne nicht unsere Hände, sondern unser Gehirn. Er reiht sich ein in die Kette der Werkzeuge, die der Mensch über Jahrtausende

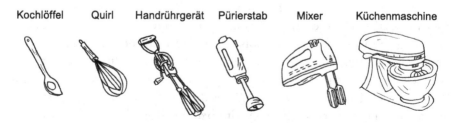

| Kochlöffel | Quirl | Handrührgerät | Pürierstab | Mixer | Küchenmaschine |

Abb. 1.1 Die Entwicklungsschritte vom einfachen Kochlöffel zur elektrischen Küchenmaschine. (© PHBern: Magdalena Siegenthaler, Eckart Zitzler)

entdeckt und entwickelt hat, und genauso wie die Küchenwerkzeuge hat der Computer geschichtlich eine Entwicklung vom passiven über das aktive zum universell einsetzbaren Werkzeug durchgemacht (vgl. Abb. 1.2).

Den Anfang bildeten Hilfsmittel, mit denen sich Zahlen darstellen und einfach manipulieren ließen – die Vorläufer von Karopapier, Bleistift und Radiergummi. Zuerst ritzte man Rillen in den Sand, in die man Steinchen legte und so Ziffern und Zahlen „aufschreiben" konnte. Aus diesem Prinzip heraus entstand schließlich vor 3000 Jahren der Abakus, bei dem das Rechnen aus dem Hin- und Herschieben von auf Holzstäben aufgereihten Kugeln bestand. So konnten Händler schnell und zuverlässig Beträge aufsummieren und abziehen, analog zum handschriftlichen Addieren und Subtrahieren. Die Rechenschritte mussten sie aber immer noch selbst vornehmen.

Später wurde der Rechenvorgang automatisiert, zumeist mechanisch. Der Rechenschieber ist hierfür ein simples Beispiel. Er war nichts anderes als eine grafische Umrechnungstabelle. Indem man ein Holzlineal innerhalb einer Fassung gezielt verschob, konnte man in der Tabelle nachschauen und für aufwändige Rechnungen wie das Wurzelziehen schnell das Ergebnis ermitteln. Die Rechenmaschinen, die ab dem 17. Jahrhundert gebaut wurden, waren da wesentlich komplizierter, denn hier wurden die Resultate nicht im Voraus in Form einer Tabelle berechnet und später abgelesen, sondern unmittelbar erzeugt. Um eine Rechnung durchzuführen, drehte man beispielsweise an einer großen Kurbel. Diese Bewegung setzte ein kompliziertes Zusammenspiel von Zahnrädern in Gang – wie bei einer klassischen Uhr – und realisierte so den Rechenvorgang. Später, als elektrische Energie nutzbar gemacht werden konnte, wurde die Kurbel obsolet. Es entstanden Rechenmaschinen, die auf Knopfdruck, ohne Krafteinsatz, das Ergebnis produzierten.

Als die ersten Computer die Bühne betraten, kam die Programmierung hinzu. Es wurde auf einmal möglich, die elementaren Rechenschritte, die eine Maschine beherrschte, beliebig miteinander zu kombinieren, Zwischenergebnisse zu speichern und so komplexe Berechnungsvorgänge automatisiert

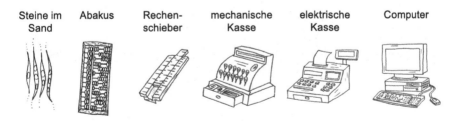

Abb. 1.2 Entwicklung der Rechenhilfsmittel bis hin zum Computer. (© PHBern: Magdalena Siegenthaler, Eckart Zitzler)

auszuführen. Der Rechenvorgang konnte über ein Programm beliebig definiert werden. Mit dem Computer hat man also ein Werkzeug geschaffen, um das Rechnen allgemein zu automatisieren – Computer heißt ja im wörtlichen Sinne auch nichts anderes als Rechner.

Ein Computer ist eine Miniaturfabrik

Ein Computer ist demnach vereinfacht gesagt eine Verarbeitungsanlage für Zahlen, bei der der Verarbeitungsvorgang selbst variabel eingestellt werden kann. Deshalb ist er wesentlich flexibler einsetzbar als die erwähnte Küchenmaschine; er ist vielmehr eine Datenküche inklusive Koch, die den ganzen Ablauf ausgehend von den Ausgangszahlen bis zum Endprodukt eigenständig bewerkstelligen kann (Abb. 1.3). Die ersten Computer sahen tatsächlich wie eine (ziemlich sterile) Datenküche aus und füllten ganze Räume, doch mittlerweile sind Computer eher Miniaturfabriken. Wie eine Restaurantküche besitzen sie einen Lieferanteneingang, um Daten entgegenzunehmen: Die Eingabe definiert das Ausgangsmaterial. Sie können Daten speichern und stellen elementare Bearbeitungswerkzeuge für Daten zur Verfügung. Sie können ein Rezept – das Programm – als Abfolge von Bearbeitungsschritten umsetzen, d. h. die Verarbeitung automatisch abwickeln. Und schließlich können sie das Endprodukt geeignet ausgeben, also eine Ausgabe generieren.

Die Szenarien, für die Computer heutzutage eingesetzt werden, sind natürlich nicht auf Rechenaufgaben beschränkt, auch wenn im Zentrum die gleiche Idee steht. Ein Computer kann Daten jeglicher Art verarbeiten: Bilder, Texte, Töne usw. – nicht nur Zahlen. Deswegen kann man einen Computer als ein universell einsetzbares Werkzeug für die automatisierte Informationsverarbeitung bezeichnen, das Daten entgegennehmen, speichern,

Abb. 1.3 Ein Computer ist wie eine Küche eine Verarbeitungsanlage, nur dass dort Zahlen und nicht Speisen verarbeitet werden. (© PHBern: Magdalena Siegenthaler, Eckart Zitzler)

verarbeiten und weiterleiten kann. Die Erscheinungsformen können jedoch stark variieren, auch die Ein- und Ausgabemöglichkeiten sind sehr unterschiedlich (Abb. 1.4). Es gibt sie noch, die klassischen Tischgeräte mit Tastatur und Bildschirm, aber heutzutage überwiegen Smartphones und Tablet-Computer, bei denen der Bildschirm gewischt, gedrückt und getippt werden kann und gleichzeitig als Ein- und Ausgabemedium fungiert. Viele Computer, die wir im Alltag benutzen, sehen wir allerdings gar nicht, weil sie in Geräte eingebaut sind und dort spezifische Aufgaben übernehmen: im Auto, in der Nähmaschine, im Blutdruckmessgerät, im E-Reader, ja sogar – und damit wären wir wieder beim Kochen – in Küchenmaschinen mit Kochfunktion. Man spricht in diesem Fall von eingebetteten Computern.

Niemals allein

Allerdings: Als einzelnes, isoliertes Gerät trifft man einen Computer kaum an, Computer sind auf vielfältige Weise miteinander vernetzt und bauen aufeinander auf. Wenn wir auf unserem Computer surfen, so benutzen wir eigentlich parallel gleich viele weitere Computer weltweit. Ein Supercomputer, eine Hochleistungsrechenmaschine, mit der Wetterphänomene im Voraus simuliert werden können, besteht beispielsweise aus Abertausenden miteinander vernetzten Computern. Und auch bei eingebetteten Rechensystemen kommen zumeist gleich mehrere Computer zum Einsatz, z. B. im Auto (Abb. 1.5). Darin finden sich Computer zur Steuerung der Bremsanlage, zur Optimierung der Motorleistung, für die Schließanlage, aber auch für die Unterhaltung (Musik, Radio usw.) oder die Navigation. Daher spricht man auch häufig von Informatiksystemen – das sind nicht anderes als Informationsverarbeitungsanlagen.

Warum der Begriff Informatiksystem? Weil er allgemeiner gefasst ist und der Tatsache Rechnung trägt, dass zumeist mehrere Computer im Zusammenspiel

Abb. 1.4 Spielarten von Computern. (© PHBern: Magdalena Siegenthaler, Eckart Zitzler)

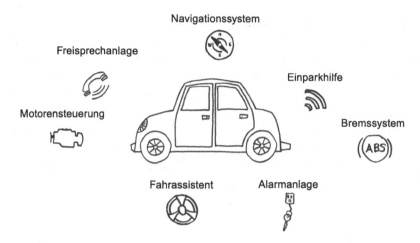

Abb. 1.5 In einem Auto werden mehrere Computer kombiniert und bilden ein Informatiksystem. (© PHBern: Magdalena Siegenthaler, Eckart Zitzler)

eine spezifische Aufgabe lösen. Und natürlich weil es die Informatik ist, die sich mit Computern und Informatiksystemen beschäftigt. Informatik ist ein Kunstwort aus den Begriffen Information und Automatik. Es bezeichnet die Wissenschaft von der automatisierten Informationsverarbeitung und setzt sich nicht nur damit auseinander, wie man Computer und Computernetze baut und einsetzt, sondern auch was sich allgemein alles mit ihnen anstellen lässt – und was nicht, denn auch Computer haben Grenzen: Nicht jede Aufgabe kann von einem Informatiksystem bewerkstelligt werden.

Cool-down

Computer sind universell einsetzbare Geräte zur Verarbeitung von Zahlen und anderweitigen Informationen. Sie können Informationen aufnehmen, verarbeiten, speichern und weitergeben; der Verarbeitungsvorgang selbst ist über ein Programm flexibel einstellbar. Häufig werden viele Computer bzw. Recheneinheiten miteinander kombiniert, um eine bestimmte Aufgabenstellung – z. B. die Steuerung eines Autos – zu bewerkstelligen. Daher spricht man zumeist von einem Informatiksystem. Informatik ist dabei die Wissenschaft von der automatisierten Informationsverarbeitung. Im nächsten Kapitel schauen wir uns an, was genau Informationsverarbeitung heißt.

2

Hier rein, dort raus – vom Wesen der Informationsverarbeitung

Warm-up

Ein Computer ist eine Fabrik, in der Informationen in Form von Daten verarbeitet werden. Damit ist aber noch nichts darüber ausgesagt, was diese Fabrik tut und was ihre Aufgabe ist. Gut, beim Rechnen ist es klar: Da werden Zahlen entgegengenommen, gemäß einer festgelegten Abfolge von Rechenschritten bearbeitet und das so produzierte Ergebnis wird ausgegeben. Doch wenn wir uns andere Aufgaben anschauen, sei es nun ein Computerspiel oder der Autopilot in einem Flugzeug, dann ist es nicht mehr so offensichtlich. Zwar werden auch hier Informationen verarbeitet, doch was macht ein Computer dabei eigentlich genau?

Der Mensch als Informationsverarbeiter

Egal ob wir durch den Wald joggen, ein spannendes Buch lesen oder unseren Einkauf erledigen – wir verarbeiten permanent Informationen. Fortwährend nehmen wir Eindrücke aus unserer Umwelt auf, bewerten diese und versuchen darauf angemessen zu reagieren. Häufig passiert das ohne viel Nachdenken, wenn wir beispielsweise aus Versehen die heiße Herdplatte berühren und beim Empfinden der Wärme instinktiv die Hand wegziehen. Vielleicht tippt uns auch jemand auf die Schulter und spricht uns in einer fremden Sprache an, während wir in eine anregende Lektüre vertieft sind. Hier braucht es unter Umständen eine Weile, bis wir die Situation erfasst haben und dem japanischen Schaffner unser Zugticket zeigen. Und natürlich umfassen unsere Wahrnehmungen auch unsere Innenwelt: Verspüren

© Springer-Verlag GmbH Deutschland, ein Teil von Springer Nature 2025
E. Zitzler, *Basiswissen Informatik*, https://doi.org/10.1007/978-3-662-70121-8_2

wir Hunger, machen wir uns auf den Weg in die Küche, um Nahrung zu suchen. Wir stehen also andauernd im Informationsaustausch mit unserer Außen- und Innenwelt, ja wir sind pausenlos tätige Informationsverarbeiter.

Aus Wahrnehmungen „berechnet" unser Gehirn eine Antwort auf die empfangenen Reize (Abb. 2.1). Selbst Bakterien nehmen wahr und reagieren, dazu braucht es nicht notwendigerweise ein Gehirn, auch Moleküle können Verarbeitungsvorgänge umsetzen. Ja, ganz allgemein: Lebewesen müssen eigentlich ständig Aufgaben bewältigen und Probleme lösen, d. h. Nahrung beschaffen, bedrohlichen Situationen entkommen, sich fortpflanzen usw. Dafür haben sie Verhaltensweisen herausgebildet, das sind Verknüpfungen von inneren und äußeren Signalen mit Reaktionen, die dem Organismus zur Verfügung stehen. Die Umsetzung dieser Verknüpfungen ist Aufgabe der Informationsverarbeitung. Natürlich hängt unser Verhalten, also wie wir auf eine Kombination von Reizen reagieren, von sehr vielen Faktoren ab: unserer Befindlichkeit, unseren Erfahrungen, der aktuellen Situation usw., aber auch von unseren persönlichen Eigenheiten. Unser Verhalten kann stark variieren, wir sind eben keine einfachen Rechenmaschinen, die stur bei gleicher Eingabe dieselbe Ausgabe produzieren. Wir sind anpassungs- und lernfähig, unser Verhalten ist über unsere Lebenszeit veränderlich.

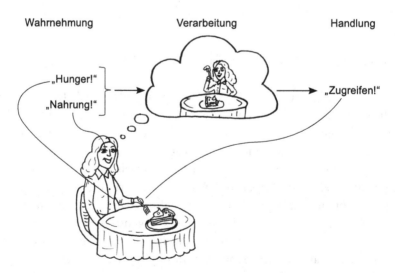

Abb. 2.1 Der Mensch nimmt seine Um- und Innenwelt wahr, verarbeitet die resultierenden Empfindungen und reagiert anschließend, z. B. in Form einer Handlung. (© PHBern: Magdalena Siegenthaler, Eckart Zitzler)

Alles beginnt mit EVA

Haben Computer auch ein Verhalten? Selbstverständlich, auch wenn es anfangs noch – gerade im Vergleich zum Menschen – ein äußerst simples war. Gehen wir doch einmal zu den Ursprüngen zurück, als ein Computer hauptsächlich als Zahlenarbeiter eingesetzt wurde und unermüdlich eine Rechnung nach der anderen ausführte. Zuerst wurden Zahlen per Lochkarte eingelesen, dann ratterte es im Innern des Computerdinosauriers, während er sein Programm abarbeitete, und anschließend spuckte er das Ergebnis auf einem Drucker aus. Der Benutzer konnte zwischendurch einen sehr großen Kaffee trinken gehen. Hier ist das Verhalten ganz einfach: Auf eine Wahrnehmung – die Eingabe der Zahlen – erfolgt die Verarbeitung – die Berechnung – und daraufhin die Reaktion – die Ausgabe des Ergebnisses. Dies ist das EVA-Prinzip, das nichts mit jener Eva zu tun hat, in die sich seinerzeit Adam verguckt hatte, sondern für den Ablauf „Eingabe – Verarbeitung – Ausgabe" steht. Abb. 2.2 überträgt das Ganze in die heutige Zeit und illustriert es anhand einer einfachen Rechenaufgabe, dem Potenzieren. Der Computer erhält als Eingabe zwei Zahlen, er multipliziert die erste so oft mit sich selbst, wie es die zweite Zahl angibt, und zeigt daraufhin das Ergebnis (hier: 2 hoch 3) an.

In dem obigen Beispiel ist die Verknüpfung der Eingaben mit den Ausgaben fix, schließlich soll jedes Mal, wenn wir 2 und 3 eintippen, auch 8

Eingabe   Verarbeitung   Ausgabe

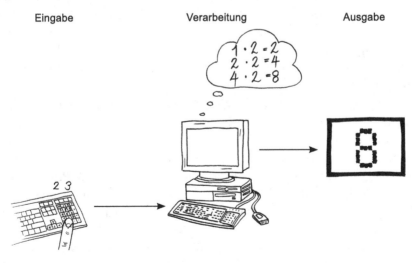

Abb. 2.2 Das Prinzip von Eingabe – Verarbeitung –Ausgabe, abgekürzt als EVA. (© PHBern: Magdalena Siegenthaler, Eckart Zitzler)

herauskommen. Das Verhalten – hervorgerufen durch das eingestellte Programm, welches die Verknüpfung realisiert – folgt also einem starren Wenn-dann-Schema. Auch bei komplizierteren Aufgaben, z. B. wenn wir eine Suchanfrage im Web stellen oder eine Sprachnachricht in einen lesbaren Text umwandeln lassen, finden wir das EVA-Prinzip wieder, allerdings kann sich das Verhalten hier ändern. Stellen wir die gleiche Suchanfrage einen Monat später, so kann die Ergebnisliste anders aussehen. Und das Transkript einer mündlichen Mitteilung kann sich ändern, wenn das Programm noch vertiefter hinsichtlich der Stimme der Sprecherin bzw. des Sprechers trainiert wurde. Die Zuordnung von Eingaben zu Ausgaben bzw. der Verarbeitungsvorgang kann also auf der Basis neuer Informationen angepasst werden.

Schnell und schneller: EVA jederzeit

Wenn wir nun den Steuercomputer in einem selbstfahrenden Auto betrachten, so stellt sich die Situation noch etwas komplizierter dar. Natürlich könnte es so wie beim Rechnerurgestein funktionieren: Wir geben Start- und Zielort über das Display im Cockpit ein und der Computer berechnet daraufhin auf Basis eines gespeicherten Stadtplans, wie Motor und Lenkung angesteuert werden müssen, sodass das Auto die gewünschte Strecke zurücklegt. Die Ausgabe wäre eine zeitliche Abfolge von Steuersignalen. Doch so einfach geht es natürlich nicht. Da sind noch andere Verkehrsteilnehmer, es gibt Baustellen, die Straßenverhältnisse variieren je nach Wetter usw. Der Computer kann sich nicht nach einer Berechnung auf die faule Haut legen, er muss ständig die Umwelt wahrnehmen und seinen Fahrplan sowie die Steuersignale neu berechnen und anpassen. Und vielleicht lernt er mit der Zeit, dass es Schleichwege gibt, über die es zu Stoßzeiten schneller geht (Abb. 2.3).

Im Gegensatz zu früher stehen Computer heutzutage in ständiger Interaktion mit der Umwelt und hantieren dabei mit einer enormen Menge an Ein- und Ausgabesignalen. Und da spielt es keine Rolle, ob ein Auto gesteuert werden muss oder wir am Computer einen Text schreiben, einen Film schauen oder gamen – schnell muss es gehen. Doch das EVA-Prinzip bleibt bestehen: Letztlich haben sich nur die einzelnen Berechnungsvorgänge beschleunigt und die Zeitabstände zwischen ihnen verkürzt. In Zeitlupe ist alles beim Alten, es gibt eine kleine Zeitdauer, in welcher der Computer nichts anderes macht, als die aktuelle Eingabe zu lesen, sie zu verarbeiten und daraus eine Ausgabe zu generieren. Das macht er einfach ganz häufig hintereinander. Und weil Computerprogramme mittlerweile auch lern- und

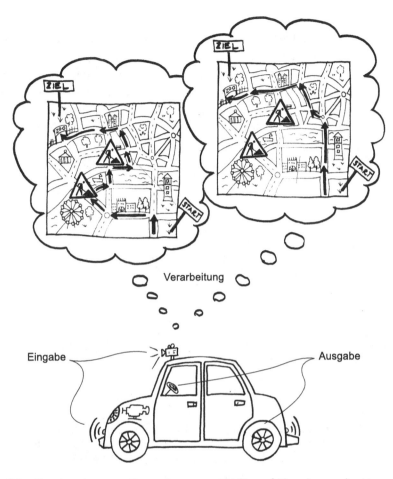

Abb. 2.3 Ein eingebetteter Computer muss ständig auf Signale aus der Umwelt reagieren, um ein Auto durch den Verkehr zu steuern und die Fahrstrecke je nach Gegebenheiten anzupassen. (© PHBern: Magdalena Siegenthaler, Eckart Zitzler)

anpassungsfähig sind, also die Verarbeitung sich in Abhängigkeit vorheriger Berechnungen ändern kann, ist so über die Zeit ein komplexes Verhalten möglich, wie es die Steuerung eines Fahrzeugs erfordert.

Welches Muster gehört zu welchem?

Bei der Informationsverarbeitung geht es also um eine Zuordnung von einer Eingabe zu einer Ausgabe. Die Zuordnung lässt sich durch eine riesige Tabelle beschreiben, in der für alle möglichen Eingaben die gewünschte Ausgabe aufgeführt ist. Informationsverarbeitung heißt dann ganz simpel: in der Tabelle nachschauen, welche Ausgabe für die aktuelle Eingabe produziert werden muss (Abb. 2.4). Nun könnte man solch eine Tabelle natürlich einfach im Computer ablegen, der für jede Eingabe dann nur noch in den entsprechenden Zeilen nachschauen müsste, um die Ausgabe zu ermitteln. Dabei gibt es allerdings zwei Probleme: Zum einen wäre die Tabelle so riesig, dass sie gar nicht in den Speicher passen würde, zum anderen liegt die Tabelle zumeist

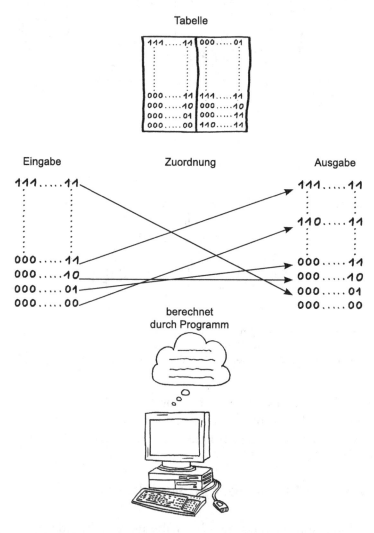

Abb. 2.4 Bei der Informationsverarbeitung werden Eingaben entsprechende Ausgaben zugeordnet, die Zuordnung wird über das Programm realisiert und kann in Form einer Tabelle beschrieben werden. (© PHBern: Magdalena Siegenthaler, Eckart Zitzler)

gar nicht vor. Es ist ja genau die Aufgabe des Computers, nach Bedarf die Tabelleneinträge zu berechnen, also zu einer Eingabe die entsprechende Ausgabe zu produzieren. Die Tabelle ist eher eine Möglichkeit sich vorzustellen, was Informationsverarbeitung macht. Anstatt also alle Eingabe-Ausgabe-Zuordnungen einzeln aufzuführen, beschreibt man eher den Weg, wie aus einer Eingabe die entsprechende Ausgabe ermittelt werden kann.

Ein Computer berechnet also mittels eines Programms, welche Ausgabe zu einer vorgegebenen Eingabe gehört. Auf der untersten Ebene arbeitet er mit Nullen und Einsen, die für zwei Zustände eines Stromkreises stehen: Strom an oder Strom aus. Jede Art von Information, seien es Zahlen, Bilder, Videos, Töne usw., werden intern über eine Folge – man kann auch sagen: ein Muster – von Nullen und Einsen dargestellt. Salopp formuliert, macht ein Computer demnach nichts anderes, als 0–1-Muster in andere 0–1-Muster umzuwandeln. Das Eingabemuster wird schrittweise in das Ausgabemuster überführt, und zwar über elementare Verarbeitungsoperationen, deren Reihenfolge durch ein Programm festgelegt ist. Die zugrunde liegende Musterzuordnung, die man sich als riesige Tabelle aus Nullen und Einsen vorstellen kann, definiert das Verhalten.

Cool-down

Ein Computer ordnet einem aus Nullen und Einsen bestehenden Eingangsmuster ein ebenfalls aus Nullen und Einsen bestehendes Ausgabemuster zu. Die Muster können dabei für verschiedenste Arten von Informationen stehen, von Anzahlen über Bild- zu sprachlichen Informationen. Die Zuordnung selbst – sie kann man sich als Tabelle vorstellen – wird schrittweise über ein Programm vorgenommen, das eine Abfolge elementarer Verarbeitungsoperationen festlegt. Die Zuordnung kann in einfachen Anwendungen fixiert sein, in komplexeren Anwendungen lässt sie sich ändern und kontinuierlich anpassen. Häufig werden sehr viele Verarbeitungsvorgänge, d. h. Zuordnungen, schnell hintereinander vorgenommen. Im nächsten Kapitel schauen wir uns an, wie man eine solche Zuordnung über ein Programm festlegt.

3

Alles nach Programm

Warm-up

Was einen Computer universell macht, ist die Möglichkeit, einen Berechnungsvorgang flexibel einstellen zu können – mittels eines Programms. Mit einem Programm lässt sich das gleiche Gerät auf verschiedenste Aufgaben zuschneiden, ohne dass wir den Computer selbst verändern müssten: telefonieren, fotografieren, Nachrichten versenden, Musik aufnehmen, Texte bearbeiten usw. Aber was ist eigentlich ein Programm, wie wird so ein Berechnungsvorgang beschrieben und wie gibt man ihn ein?

Wo man auch hinschaut: alles Programm!

Unser Alltag besteht aus Abläufen, überall und jederzeit. Wir stehen am Morgen auf, waschen uns und bereiten unser Frühstück vor. Während wir essen, lesen wir die Zeitung, schauen uns darin das Theaterprogramm der Woche an und hören im Radio, dass die Regierung ein neues Maßnahmenprogramm beschlossen hat und der kommende Staatsbesuch ein umfangreiches Besuchsprogramm vorsieht. Anschließend fahren wir mit dem Bus – ganz pünktlich nach Fahrplan – zur Arbeit und studieren das Programm des Workshops, an dem wir gleich teilnehmen werden. Ein rechtes Tagesprogramm! Und Sie sehen: Da sind überall Abläufe. Wir sind regelrechte Künstler darin, Vorgänge in Schrittfolgen zu erlernen, erfinden, befolgen oder zu verfolgen: Lieder, Tanz, Theater, Basteln, Handwerken, Kochen usw. Und häufig sprechen wir dabei von einem Programm.

© Springer-Verlag GmbH Deutschland, ein Teil von Springer Nature 2025   **17**
E. Zitzler, *Basiswissen Informatik,* https://doi.org/10.1007/978-3-662-70121-8_3

Programme sind Ablaufpläne, wie was zu funktionieren hat, in welcher Reihenfolge, möglicherweise sogar wann genau. Sie beschreiben Schritte, die hintereinander oder parallel auszuführen sind. Und es gibt ganz unterschiedliche Möglichkeiten, solche Abläufe zu beschreiben (Abb. 3.1). Ein Rezept ist üblicherweise eine sprachliche Beschreibung, die häufig knapp ausgedrückt und übersichtlich strukturiert wird; auch eine Darstellung in Form einer Bilderfolge ist möglich. Bei Tanzschritten ist eine visuelle Beschreibung viel einfacher zu verstehen als eine sprachliche, zumal beim Paartanz sogar zwei parallele, aufeinander abgestimmte Bewegungsabläufe spezifiziert werden. Bei der Musik ist das noch ausgeprägter, wenn viele Stimmen und Instrumente zum Einsatz kommen. Dafür gibt es spezielle grafische Notationen. Die Noten und das Notensystem geben genau an, welcher Ton wann kommt, wie lange er dauert, und das in Relation zu den anderen Noten.

Was ist ein Computerprogramm?

Abläufe sind auch beim Computer das A und O. Ein Programm legt den Verarbeitungsvorgang fest, man könnte auch sagen, es legt die flexiblen Teile des Geräts Computer fest. Das Programm definiert, wie der Computer eingestellt werden muss, um eine bestimmte Aufgabe zu bewerkstelligen – genauso wie wir bei der Küchenmaschine, beim Herd, bei der Nähmaschine oder auch beim Mixer die Schalter, Drehknöpfe usw. für eine gewisse Tätigkeit einstellen. Dass dieser Vergleich gar nicht so weit hergeholt ist, lässt sich daran erkennen, dass bei den ersten Computern diese Einstellungen per Umstecken von Kabeln vorgenommen wurden: Das Programm war quasi

Abb. 3.1 Beispiele für die Darstellung von Abläufen aus unserer Lebenswelt. (© PHBern: Magdalena Siegenthaler, Eckart Zitzler)

die Information, wie die Kabel verlegt werden mussten (Abb. 3.2 links). Dass die Computerhardware nicht verändert, nicht manuell etwas eingestellt werden muss, sondern ein Programm genauso wie ein Text oder ein Song in den Computer geladen und dann ausgeführt werden kann, war ein zentraler Entwicklungsschritt, der später folgte. Der große Vorteil: Man kann Voreinstellungen auf einfachen Knopfdruck aktiv werden lassen. Heute müssen wir nur auf dem Bildschirm das entsprechende Programmsymbol antippen und schon ist der Computer ein Tonaufnahmegerät, ein Fernseher oder ein E-Book-Reader (Abb. 3.2 rechts).

Ein Programm definiert quasi, wie der Computer auf eine bestimmte Aufgabe (Text schreiben, Bild umwandeln, Video sehen usw.) ausgerichtet werden und diese bearbeiten kann. Ein Programm ist eine Abfolge von elementaren Verarbeitungsoperationen, die der Computer beherrscht und zur Verfügung stellt. Das kann man sich wie beim Tango vorstellen: Da sind Grundschritte fix vorgegeben, aber wie wir sie aneinanderhängen, kann variieren; jeder Tanz (jedes Programm) kann anders aussehen.

Das heißt auch: Ohne Programm geht eigentlich nichts. Das Programm ist das Elixier, das den Computer zum Leben erweckt. Ständig laufen Programme, schon beim Anschalten eines Computers braucht es ein Programm, das ihn betriebsbereit macht. Da gibt es Programme, die überhaupt die Bedienung, das Laden bzw. Installieren anderer Programme usw. erst ermöglichen – zusammengefasst unter dem Begriff Betriebssystem. Für jede Funktionalität gibt es wieder ein anderes Programm. Die meisten Programme sind vorgefertigt, sie müssen wir nicht selber programmieren. Die Apps auf

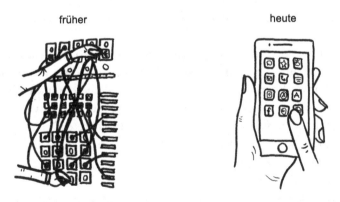

früher   heute

Abb. 3.2 Bei den ersten Computern in den 1940er-Jahren mussten Kabel umgesteckt werden, um das Programm zu wechseln; bei einem heutigen Smartphone reicht ein Antippen des Programmsymbols auf dem Bildschirm. (© PHBern: Magdalena Siegenthaler, Eckart Zitzler)

dem Smartphone, das Textverarbeitungsprogramm, das Mail-Programm, das Fotoprogramm usw. stellen verschiedene Funktionalitäten dar, für die wir einen Computer nutzen können.

Was Programme mit Gedichten zu tun haben

Wenn wir ein Programm starten, dann hat es sich in der Regel jemand (dieser Jemand umfasst häufig riesige Teams) ausgedacht und formuliert, d. h. programmiert. Ein Programm wird in einer Programmiersprache formuliert, wobei der Begriff Sprache etwas verwirrend ist. Programmiersprachen sind darauf ausgerichtet, Computern Aufträge zu erteilen, so dass diese Aufträge auch für uns selbst lesbar sind. Programmiersprachen dienen jedoch nicht der beidseitigen Kommunikation wie unsere natürliche Muttersprache; es ist ja nicht so, dass der Computer uns in einer Programmiersprache antwortet.

Eine Programmiersprache definiert einen Grundstock an elementaren Verarbeitungsoperationen, die verschieden mächtig sein können. Das Addieren zweier Zahlen stellt einen einfachen Befehl dar, während das Zeichnen einer Linie auf dem Bildschirm eine komplexe Anweisung ist, die viele Einzelschritte umfasst. Es gibt eine Unzahl verschiedener Programmiersprachen, sie sind auf die jeweiligen Anwendungen zugeschnitten. Manche sind gut geeignet, um Webseiten zu programmieren, andere, um das Programmierhandwerk zu erlernen, weitere für die Hardwareprogrammierung, um Roboter zum Leben zu erwecken, wiederum andere für Geschäftsanwendungen usw. Es gibt auch Programmiersprachen, die darauf spezialisiert sind, statistische Auswertungen vorzunehmen. Es gibt sogar Programme wie Textverarbeitungsprogramme, die wiederum eigene Programmiersprachen zur Verfügung stellen, um Texte zu bearbeiten.

Programme werden in der Regel als Texte formuliert. Allerdings nicht als Prosa-Texte mit ausschweifenden Beschreibungen, sondern in sehr knapper, reduzierter Form, die eher an stark strukturierte, eingeschränkte Gedichtformen wie Elfchen, Haikus und Sonette erinnern, für die es viele einzuhaltende Vorgaben gibt. Es handelt sich um eine verdichtete Darstellung, damit wir als Programmiererin oder Programmierer den Ablauf schnell erfassen können. Programmcode ist ein Zwischending zwischen einer mathematischen Formel und sprachlichen Anweisungen, wie Abb. 3.3 links illustriert. Anweisungen werden in abgekürzten Formulierungen beschrieben, die meistens nur durch ein Wort repräsentiert werden. Der Grund dafür ist einfach: So lassen sich die Abläufe besser lesen.

textuell   grafisch

```
var runde, a, b, c;
a = 2;
b = 3;
c = 1;
while (b > 0) {
    c = c * a;
    b = b - 1;
}
window.alert(c);
```

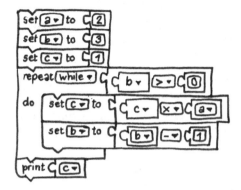

Abb. 3.3 Wie derselbe Ablauf – die Berechnung von 2 hoch 3 – in zwei unterschied- lichen Programmiersprachen formuliert werden kann. (© PHBern: Magdalena Sie- genthaler, Eckart Zitzler)

Programme können Millionen von Textzeilen umfassen. Das Beispiel in Abb. 3.3 gibt nur einen Eindruck davon, wie ein Programm – und zwar auf zwei verschiedene Arten – formuliert werden kann. Beide dargestellten Pro- gramme implementieren das Potenzieren: Aus zwei gegebenen Zahlen a und b wird a hoch b berechnet und als Ergebnis c ausgegeben.

Links sehen Sie eine textuelle Darstellung des Programmcodes. Wie bei natürlichsprachlichen Texten stellt sich auch hier das Problem der richtigen Schreibung, der Rechtschreibung: Aus Versehen mal ein Komma zu viel, ein Punkt fehlt. Computerprogramme vertragen das nicht. Da sind sie un- nachgiebig. Und entsprechend schwierig kann es sein, Rechtschreibfehler zu finden. Deswegen gibt es auch grafische Darstellungen, die häufig bei Pro- grammiersprachen für die Schule eingesetzt werden. Befehlsfolgen können als visuelle Blöcke dargestellt sein, die man untereinander und ineinander anordnet (Abb. 3.3 rechts).

Die Zutaten für ein Programm

Was typischerweise alle Programme bzw. alle Programmiersprachen gemein- sam haben, ist, dass es bei ihnen um eine Abfolge von elementaren Verar- beitungsschritten geht. Welche Verarbeitungsschritte zur Verfügung stehen, hängt von der konkreten Programmiersprache ab. Man nennt sie auch An- weisungen. Anweisungen sind die elementaren Werkzeuge der Datenküche, genauso wie Messer, Gabel, Quirl usw. die Utensilien in unserer Küche sind.

Anweisungen können Rechenoperationen sein oder auch grundlegende Funktionen zur Bedienung der Hardware, beispielsweise eine Tastatureingabe entgegennehmen oder etwas auf dem Bildschirm ausgeben.

Und natürlich verarbeiten die Anweisungen etwas, nämlich Daten (z. B. Zahlen, Texte, Bilder) oder ganz allgemein 0–1-Muster. Daten sind die Lebensmittel, die es zu verarbeiten gilt. Daher gibt es auch Schüsseln, die wir in einem Programm verwenden können, nur dass sie dort Variablen heißen. Diese Datenschüsseln muss man „anschreiben", ihnen also Namen geben, damit jeweils klar ist, welche man meint. In Abb. 3.3 gibt es beispielsweise die drei Variablen a, b und c. Man kann beliebig viele dieser Schüsseln verwenden – es handelt sich effektiv um zugewiesene Plätze im Computerspeicher – und dort Daten hineinfüllen, herausholen oder den Inhalt entfernen und durch neue Daten ersetzen.

Jetzt reicht es allerdings nicht aus, einfach nur eine Folge von abzuarbeitenden Anweisungen angeben zu können. Häufig hängt der Ablauf ja von den zu verarbeitenden Daten selbst ab. Beim Schlagen von Sahne schauen wir ja auch ständig, ob die Sahne schon steif ist – und bis dahin rühren wir. Im Computer ist das analog: Wenn wir zwei Zahlen potenzieren wollen, multiplizieren wir die erste Zahl so häufig mit sich selbst, wie es die zweite angibt.

Deswegen gibt es noch Anweisungen, mit denen der Fluss des Ablaufs variiert werden kann. Da sind zunächst Schleifen, also Kreise im Ablauf, die in einer bestimmten Häufigkeit wiederholt werden. Zudem kann man auch den Ablauf verzweigen, je nach Situation: Wenn Honig vorhanden ist, kommt der in den Kuchenteig, ansonsten Zucker. Und schließlich lassen sich noch Folgen von elementaren Verarbeitungsschritten zu Anweisungsblöcken zusammenfassen; diese Blöcke definieren quasi selbst festgelegte Verarbeitungsschritte. Wie wenn wir in einem Rezept mehrfach denselben Vorgang verwenden, z. B. Gemüse zerschneiden, ohne jeweils genau zu sagen, wie das im Detail geht. Abb. 3.4 illustriert die verschiedenen Konzepte, die bei Programmen eingesetzt werden, als eine Fließbandanlage.

Cool-down

Ein Programm beschreibt einen Verarbeitungsablauf, der einen Computer für eine bestimmte Aufgabe nutzbar macht. Es wird in Programmiersprachen verfasst und besteht aus elementaren Anweisungen, mit denen sich beliebige Abläufe formulieren lassen. Zumeist werden Programme als Texte formuliert, es gibt aber auch grafische Formen. Programmiersprachen stellen neben den elementaren Anweisungen noch Behälter für Daten zur Verfügung – die Variablen –

Variablen =
angeschriebene Behälter für Daten

Anweisungen =
elementare Verarbeitungsschritte

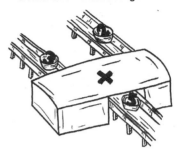

Schleifen =
wiederholte Ausführung von Anweisungen

Verzweigungen =
bedingte Ausführung von Anweisungen

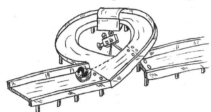

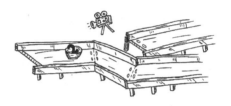

Anweisungsblöcke =
Zusammenfassung von Verarbeitungsschritten zu neuen Anweisungen

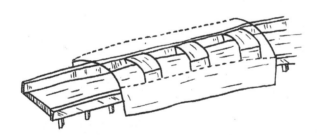

Abb. 3.4 Grundkonzepte, die Programmiersprachen typischerweise zur Verfügung stellen. (© PHBern: Magdalena Siegenthaler, Eckart Zitzler)

sowie spezielle Anweisungen, mit denen sich das Hintereinander-Abarbeiten von Anweisungen durchbrechen lässt; so sind Verzweigungen und Wiederholungen von Anweisungsfolgen möglich. Da hierbei natürlich immer Daten verarbeitet werden, werden wir uns im nächsten Kapitel um diese kümmern.

4

Die Kunst der Codierung

Warm-up

Wollen wir einen Computer für eine bestimmte Aufgabe einsetzen, dann müssen wir uns nicht nur überlegen, wie der Verarbeitungsablauf in Form eines Programms beschrieben werden kann. Es geht auch darum, das, was eigentlich verarbeitet werden soll, darzustellen. Informationen müssen in Form von Daten verpackt werden. Daten können alles Mögliche repräsentieren, von Zahlen und Texten über Bilder und Tönen bis zu Finanztransaktionen oder Auswertungen von Gesteinsproben. Da jedoch Computer intern nur mit den zwei Symbolen 0 und 1 operieren, müssen wir uns überlegen, wie Informationen damit beschrieben werden können. Wie sieht eine Zahl aus, die nur aus Nullen und Einsen besteht – oder ein Text oder ein Bild?

Wissen einfangen

Der Mensch hat ein geniales System erfunden, um Informationen auszudrücken: die Sprache. Genauer gesagt, die Schriftsprache. Mit 26 Buchstaben, mal groß, mal klein verwendet, und ein paar weiteren Sonderzeichen wie Umlauten, Kommata, Bindestrichen, Fragezeichen etc. können wir beliebige Texte zusammenstellen und darin unsere Beobachtungen, Gedanken, Gefühle, Erfahrungen, unser Wissen ausdrücken und mitteilen. Ja selbst Bilder oder Klänge können wir damit beschreiben, wenn auch etwas umständlich. Dabei setzen wir allerdings voraus, dass derjenige, der unseren Text liest, auch unsere Sprache beherrscht. Selbst wenn im Schwedischen mehr oder minder dieselben Zeichen zum Einsatz kommen wie bei uns: Ein Schwede, der kein Deutsch versteht, wird mit einem deutschen Satz auch

© Springer-Verlag GmbH Deutschland, ein Teil von Springer Nature 2025
E. Zitzler, *Basiswissen Informatik*, https://doi.org/10.1007/978-3-662-70121-8_4

nichts anfangen können. Für ihn sind unsere Buchstabenfolgen nur sinnlose Daten. Erst wenn ich die Daten auch entschlüsseln kann – welches Wort welche Bedeutung hat usw. –, kann ich aus einem Buchstabensalat die enthaltenen Informationen extrahieren.

Unsere Schriftsprache ist letztlich ein Code, und der setzt Lautfolgen, mit denen wir uns mündlich verständigen, in Buchstabenfolgen um. Er ist ein universeller Code zur Darstellung von Informationen jeglicher Art. Und die deutsche Schriftsprache ist ein anderer Code als die schwedische Schriftsprache. Natürlich können wir auch ganz andere Symbole verwenden, z. B. eine visuelle Darstellung in Form einer Zeichnung. Ja, die gleiche Information kann mittels verschiedener Codes dargestellt werden (Abb. 4.1). Ein Code beruht also auf der Verständigung über Zeichen und ist eine Vereinbarung, wie Informationen in Symbole wie Buchstaben oder Ziffern übersetzt werden: Was im Schwedischen mit der Buchstabenfolge „nudlar" bezeichnet wird, codiert man im Deutschen als „Nudeln". Wir kennen ja verschiedenste Codes, z. B. Handzeichen beim Tauchen, Strichcodes auf Lebensmittelverpackungen, Geheimsprachen von Kindern, den Morsecode – ja, auch die Braille-Schrift oder Gebärdensprache stehen für eigenständige Codes. Ein Code kann, muss aber nicht notwendigerweise geheim sein. Klar ist nur: Erst wenn wir den Code kennen, können wir die Daten decodieren und die Information herausziehen.

Bits'n Bytes

Die Sprache des Computers besteht aus Nullen und Einsen. Was in unserer Sprache ein Buchstabe ist, das ist beim Computer ein Bit; und was für uns ein Text ist, ist für einen Computer eine Bitfolge. Bit ist eine Abkürzung

visuell   textuell

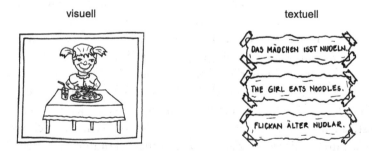

Abb. 4.1 Eine Information kann in verschiedenen Zeichensystemen und Codes dargestellt werden. (© PHBern: Magdalena Siegenthaler, Eckart Zitzler)

für den englischen Ausdruck *binary digit,* steht also wortwörtlich übersetzt für eine Binärziffer. Binär heißt so viel wie „zwei enthaltend" und damit ist ein Bit eine Ziffer, die nur die zwei Ausprägungen 0 und 1 kennt – im Gegensatz zu einer Dezimalziffer, die zehn Möglichkeiten von 0 bis 9 umfasst. Da Computer zumeist gleich mehrere Bits als Paket verarbeiten und speichern, hat es sich eingebürgert, eine Folge von 8 Bits als Byte zu bezeichnen. Warum gerade 8 und nicht z. B. 128? Nun, das hat historische Gründe: Als die ersten Computer die Büros und Haushalte eroberten, operierten die meisten Rechner intern mit Datenpaketen von 8 Bits. Auch heute noch wird das Fassungsvermögen von Computerspeichern in Bytes angegeben; erst die Multiplikation mit 8 ergibt die Anzahl der Binärziffern, die effektiv gespeichert werden können.

So kärglich das auf den ersten Blick auch erscheinen mag: Bits und Bytes reichen aus, um denselben Informationsreichtum wie unsere natürlichen Sprachen abdecken zu können. Das heißt aber auch: Wenn wir Informationen mittels eines Computers verarbeiten wollen, so brauchen wir einen geeigneten Code, dem einzig die zwei Zeichen 0 und 1 zur Verfügung stehen. Und welchen Code wir wählen, hängt davon ab, welche Informationen wir darstellen wollen.

Schauen wir uns doch einmal an, wie ein Text in einem Computer dargestellt wird. Die Idee ist ganz einfach: Jeder Buchstabe eines Textes wird typischerweise als ein Byte dargestellt, als ein 0–1-Muster mit acht Stellen bzw. Bits. Und die Zuordnung, welcher Buchstabe welches Muster erhält, ist einfach eine Konvention, die man mal so festgelegt hat. Bekannt ist z. B. der „amerikanische Standardcode zum Informationsaustausch", abgekürzt als ASCII (Abb. 4.2). Seine Einführung vor gut 50 Jahren war ein Meilenstein, und zwar nicht weil der Code so genial war, sondern vielmehr weil sich Hersteller darauf einigten, diese Buchstaben-Byte-Zuordnung zu verwenden und nicht irgendeine andere. Wichtig dabei: Die ASCII-Konvention ist nur eine Möglichkeit, einen Text als Folge von Bytes im Computer darzustellen. Damit ist auch noch nichts darüber gesagt, wie ein Buchstabe auf dem Bildschirm aussieht. Dafür braucht es einen weiteren Code – Zeichensatz genannt –, der genau definiert, wie ein als 0–1-Muster repräsentierter Buchstabe grafisch als Punktmuster auf dem Bildschirm oder auf einem Ausdruck dargestellt wird. Wir sehen: Codes sind zentral.

Abb. 4.2 Wie ein Text über einen Code als 0–1-Muster dargestellt werden kann. (© PHBern: Magdalena Siegenthaler, Eckart Zitzler)

Codes, Codes, Codes ...

Nun sollen Computer ja nicht einzig Text verarbeiten. Häufig muss gerechnet werden und dabei geht es um Zahlen in irgendeiner Form, zumindest indirekt. Natürlich könnten wir auf der Basis von ASCII jede Ziffer mit einem Byte darstellen, quasi die Zahl in Textform beschreiben. Das ist aber sehr ineffizient – weit über die Hälfte der Bits sind überflüssig und der Ballast verlangsamt das Rechnen. Eine viel geschicktere und maximal kompakte Darstellung ist das Dualsystem, dem das gleiche Prinzip wie unser Dezimalsystem zugrunde liegt, nur dass einzig die zwei Ziffern 0 und 1 vorkommen. Die Dezimalzahl 6 würde beispielsweise im Dualsystem zur Ziffernfolge 110, aus 254 würde 11.111.110. Was sich dabei ändert, ist die Wertigkeit der einzelnen Stellen: Während wir im Dezimalsystem mit 1ern, 10ern, 100ern, 1000ern usw. operieren – hier verzehnfacht sich jeweils die Wertigkeit der Stellen von rechts nach links –, sind es im Dualsystem 1er, 2er, 4er, 8er etc., wobei sich die Wertigkeit jeweils verdoppelt.

Wie eine Dezimalzahl in eine Dualzahl umgerechnet werden kann, lässt sich über die Vorstellung einer Waage erklären. Es stehen uns Gewichte von 1, 2, 4, 8, 16, 32 usw. zur Verfügung. Wir legen nun eine Zahl, verkörpert durch einen entsprechend schweren Sack, auf die eine Seite der Waage und auf deren andere Seite die Gewichte, sodass sich beide Schalen auf gleicher Höhe befinden. Welche Gewichte ausgewählt wurden, lässt sich dann einfach als 0–1-Muster darstellen. Dieses Muster stellt die entsprechende Dualzahl dar (Abb. 4.3 links). Verblüffend: Das Dualsystem war schon lange bekannt, bevor der erste Computer das Licht der Welt erblickte.

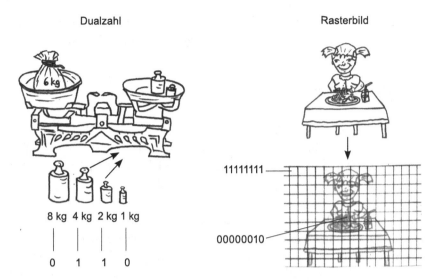

Dualzahl   Rasterbild

8 kg 4 kg 2 kg 1 kg

0   1   1   0

11111111

00000010

Abb. 4.3 Eine Dualzahl lässt sich als eine Auswahl von Zahlengewichten verstehen (links); über Folgen von Dualzahlen lassen sich gerasterte Bildinformationen codieren (rechts). (© PHBern: Magdalena Siegenthaler, Eckart Zitzler)

Mit Zahlen lässt sich so einiges anstellen. Zum Beispiel kann ein Bild als eine Zahlenfolge codiert werden (Abb. 4.3 rechts). Das Bild muss dazu gerastert und in elementare Bildpunkte aufgeteilt werden; bei einem Graustufenbild wie in der Abbildung kann jeder Bildpunkt eine Helligkeit besitzen, die über eine Dualzahl codiert wird. Wenn wir von oben links nach unten rechts die Bildpunkte durchgehen, können wir eine Folge von Helligkeitswerten aufschreiben, die als hintereinandergehängte Dualzahlen im Computer dargestellt werden können. Auch Farbbilder lassen sich so codieren: Hier gibt es pro Bildpunkt drei Helligkeitswerte, nämlich für die Farbkomponenten Rot, Grün und Blau. Zu Videoaufnahmen ist es von dort aus ebenfalls nicht mehr weit: Bei ihnen werden nicht nur die zwei Bilddimensionen gerastert, sondern auch die zeitliche Abfolge. Ein Video ist also einfach eine Folge von Bildern, die in einem bestimmten zeitlichen Abstand aufeinanderfolgen – allerdings kommen dann schon ziemlich viele Nullen und Einsen zusammen.

Buchstaben und Zahlen liefern die Basis für die meisten Codes. Allerdings kann es manchmal schwierig sein, einen geeigneten Code zu finden und zu definieren. Denn die Frage ist häufig auch, wie gut sich die codierten Daten verarbeiten lassen. Auch wenn die resultierenden 0–1-Folgen für uns Menschen unsinnig und wie Dada-Kunst erscheinen, so hat der zugrunde liegende Code eine wichtige Bedeutung. Es kann effektiv eine Kunst sein, einen guten Code zu finden, wenn es nicht nur um einfache Informationen geht, sondern um komplexe Zusammenhänge, die dargestellt werden sollen.

Sinn oder Unsinn?

Wenn aber alles als 0–1-Muster dargestellt werden kann, woher weiß dann der Computer, ob Zahl, Text oder Bild darin versteckt sind? Was wie Zauberei erscheint, hat eine simple Erklärung: Gar nicht, so wenig wie eine Küchenmaschine weiß, ob sie nun Kuchenteig oder Himbeerquark verrührt. Es sind einfach nur 0–1-Muster bzw. Lebensmittel. Man muss dem Computer sagen, um welche Daten es sich handelt und wie er sie behandeln soll. Nur dann kann er aus einer unsinnig erscheinenden Bitfolge eine sinnvolle Information herausziehen. Die meisten von uns wissen ja auch nicht, ob es sich bei asiatischen Schriftzeichen um Chinesisch, Japanisch oder Koreanisch handelt. Letztlich ist es eine Frage der Interpretation. Die reine Bitfolge verkörpert zunächst einmal nichts anderes als Daten. Erst wenn wir die Daten decodieren, können wir die codierten Informationen extrahieren – genauso wie das bei einem Text der Fall ist. Das heißt auch: Ein und dieselbe Bitsequenz kann je nach Interpretation für ganz unterschiedliche Informationen stehen (Abb. 4.4).

Das ist der Grund, warum es Datenformate gibt. Dabei handelt es sich um Vorgaben, wie eine Bitsequenz gebildet und interpretiert wird. Ein Datenformat beinhaltet nicht nur einen Code, um die eigentlichen Informationen als 0–1-Daten darzustellen, sondern auch Zusatzinformationen, die für die Decodierung wichtig sind. Bei einem Bild beispielsweise muss ja noch angegeben werden, wie viele Bildpunkte es hat, verteilt auf wie viele Zeilen und Spalten, und ob diese Farbinformationen enthalten oder nicht. Datenformate haben häufig genormte Abkürzungen, die hinten an Dateinamen angehängt sind. So weiß man beispielsweise, dass die Endung „.txt" für Texte steht, während „.tif" ein Rasterbild bezeichnet.

Es gibt natürlich unzählige solcher Datenformate. Der Grund ist, dass Codes für verschiedenste Zwecke existieren. Bei einem Bild beispielsweise kann es darum gehen, möglichst eine kompakte, platzsparende Darstellung zu erzielen. Manchmal ist es aber auch wichtig, alle Details originalgetreu zu erhalten. Für nahezu jeden Zweck gibt es ein eigenes Format. Und natürlich braucht es dann auch Programme, die mit dem jeweiligen Format umgehen und die darin enthaltenen Informationen auslesen, darstellen und verarbeiten können.

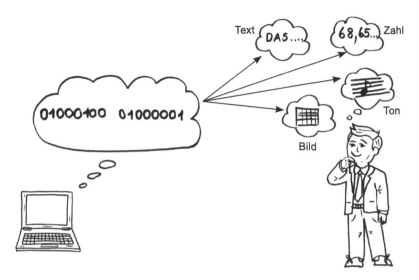

Abb. 4.4 Die gleichen Daten können auf verschiedene Art und Weise interpretiert werden und resultieren in verschiedenen Informationen. (© PHBern: Magdalena Siegenthaler, Eckart Zitzler)

Cool-down

Nicht nur Abläufe müssen als Programme formuliert, auch die zu verarbeitenden Informationen müssen geeignet, d. h. in computerlesbarer und -verarbeitbarer Form dargestellt werden. Dafür braucht es einen Code, der Informationen auf Zeichenfolgen abbildet, die einzig aus Nullen und Einsen bestehen. Texte lassen sich einfach über einen vorgängig festgelegten Code definieren, wobei jedem Buchstaben und jedem Sonderzeichen ein eindeutiges 0–1-Muster zugeordnet wird. Bei Zahlen gibt es das Dualsystem, mit dem sich auf elegante Art und Weise numerische Informationen festhalten lassen. Und auf dieser Basis lassen sich dann auch komplexe Informationen wie Bilder, Videos und Musik codieren. Häufig werden sie eingebettet in ein Datenformat, das neben den eigentlichen Informationen zusätzliche Angaben enthält, die für das Decodieren wichtig sind. Wie Daten schließlich in den Computer gelangen und wie wieder hinaus, schauen wir uns im folgenden Kapitel an.

5

Die Kopplung der Welten

Warm-up

In der Innenwelt des Computers werden Nullen und Einsen verschoben, verrechnet und gespeichert. Dass dies keinerlei Einschränkung bedeutet, wissen wir bereits: Töne, Bilder und beliebige andere Informationen lassen sich durch 0–1-Muster codieren. Die Außenwelt eines Computers sieht natürlich ganz anders aus: Da sind Töne in Schwingungen versetzte Luftmoleküle und Bilder reflektierte Lichtstrahlen. Doch wie sind diese zwei Welten gekoppelt, d. h., wie kommt die Außenwelt in die Innenwelt und umgekehrt? Oder anders ausgedrückt: Wie wird ein Computer in die Umwelt eingebettet?

Wir und das große Ganze

Jeder von uns ist eine Welt für sich und gleichzeitig Teil einer übergeordneten Welt. Die Innenwelt ist von der Außenwelt geschützt und gleichzeitig mit ihr gekoppelt.

Wir nehmen unsere Umwelt über unsere Sinne wahr. Mit den Ohren erfassen wir Schwingungen in der Luft und erleben diese als Geräusche, Töne und Laute. Die Augen fangen reflektiertes Licht ein und ermöglichen uns, ein Bild zu bilden. Mit der Nase kategorisieren wir in der Luft herumschwirrende Moleküle und können so einen Geruch aufnehmen. Allerdings vermitteln uns unsere Sinne nur einen Ausschnitt der uns umgebenden Welt – den Ausschnitt, der für unser Leben und Überleben relevant ist. Andere Lebewesen, andere Ausschnitte: Adler, Eisbären und Hunde beispielsweise können wesentlich besser sehen, riechen bzw. hören als wir, Zugvögel und

Wüstenameisen nehmen ganze andere Aspekte der Welt auf und können sich über das Magnetfeld der Erde bzw. das Polarisationsmuster des Sonnenlichts orientieren. Und auch die Möglichkeiten, in die Umwelt einzugreifen, sind sehr unterschiedlich unter den Lebewesen. Während wir uns dank unserer Muskeln bewegen können, sind Pflanzen beispielsweise nicht in der Lage, ihren angestammten Platz zu verlassen.

Sinneswahrnehmungen werden in unserem Innern zu Nervenimpulsen, kleinen Stromstößen, die sich über unsere Nervenbahnen ausbreiten und dann letztlich im Gehirn verarbeitet werden. Das ist so beim Tasten, beim Hören, beim Sehen usw. Beim Hören werden beispielsweise in unserem Ohr kleine Härchen in Schwingungen versetzt; wenn sich solche Härchen verbiegen, löst das einen Nervenimpuls aus. Und da gibt es nur zwei Möglichkeiten: Der Nervenimpuls ist da oder nicht, quasi 0 oder 1. Die Intensität einer Wahrnehmung, z. B. die Lautstärke, wird nicht über größere und kleinere Stromimpulse codiert, sondern über die Frequenz, wie häufig Nervenimpulse entsandt werden. Und wenn wir eine Wahrnehmung schließlich erfolgreich verarbeitet haben und unser Gehirn weiß, wie zu reagieren ist, dann sind es wiederum Nervenimpulse, die unsere Muskeln steuern. Gezielte Nervenimpulse regen Muskelzellen an, sich zu kontrahieren – je mehr Impulse eintreffen, desto stärker die Muskelkontraktion. Sinneszellen und Muskelzellen sind also die Verbindungsglieder zu unserer Außenwelt, über sie können physikalische Größen wie Wind, Geräusche und Licht in eine innere Repräsentation umgewandelt werden. Und aus solch einer inneren Repräsentation kann wiederum eine Handlung ausgelöst werden, die andere physikalische Phänomene wie z. B. eine Bewegung bewirkt (Abb. 5.1).

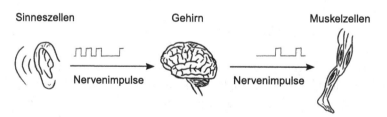

Abb. 5.1 Das exemplarische Zusammenspiel von Außen- und Innenwelt beim Menschen. (© PHBern: Magdalena Siegenthaler, Eckart Zitzler)

Die Pflanzen unter den Computern

Auch Computer sind in eine Umwelt eingebettet, allerdings interagierten ihre Ahnen nur rudimentär mit ihrer Umgebung. Sie hatten eine sehr dürftige Wahrnehmung. Sie warteten geduldig, ob hin und wieder ein Gegenstand an der Oberfläche einer primitiven Sinnesplatte abprallte: einer Platte mit Schaltern. Aus dieser einfachen Schaltplatte wurde dann später die Tastatur. Und auch das Reaktionsvermögen der Computerdinosaurier war sehr beschränkt: Mit Lämpchen konnten sie anzeigen, was sie gerechnet hatten; später wurde aus den einzelnen Lämpchen eine Reaktionsscheibe, der Bildschirm, auf dem sich nun visuelle Muster erzeugen ließen. Diese Urcomputer waren also passive Geräte, die angeregt werden mussten und dann auf Befehl eine bescheidene Reaktion erzeugten (Abb. 5.2), die wohl nur die damaligen Informatiker in Entzücken versetzte. Wenn wir das mit den heutigen eingebetteten Computern in selbstfahrenden Autos vergleichen, dann ist es, als würden wir eine primitive Pflanze wie Moos einem hochentwickelten Tier wie dem Adler gegenüberstellen, auch wenn wir dem Moos dabei etwas unrecht tun.

Schalter und Lampen – das ist die einfachste Art der Kopplung von Außen- und Innenwelt eines Computers. Ein Schalter reagiert auf eine äußere Bewegung, z. B. die einer Hand, die den Schalthebel betätigt. Wird er umgelegt, schließt das innerhalb des Computers einen Stromkreis, d. h., aus dem Zustand des Schalters wird in der Computerinnenwelt „Strom fließt" oder „Strom fließt nicht" bzw. 1 oder 0. Aus einer Bewegung wird ein elektrisches Signal. Die Lampe bewirkt auch eine Signalwandlung, doch in der anderen Richtung. Sie geht von einem elektrischen Signal aus und setzt es in Licht um: Fließt Strom, so leuchtet sie, fließt keiner, so bleibt sie dunkel. So wird ein Bit im Inneren des Computers nach außen hin sichtbar. Mittlerweile sind die Ein- und Ausgabemöglichkeiten eines Computers viel ausgeklügelter und vielseitiger geworden, doch es gibt immer noch Situationen,

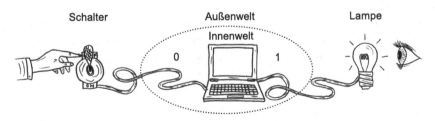

Abb. 5.2 Die einfachste Art, einen Computer mit der Umwelt zu koppeln: über Schalter und Lampen. (© PHBern: Magdalena Siegenthaler, Eckart Zitzler)

bei denen so eine einfache Kopplung ausreicht: Über einen Schalter lässt sich feststellen, ob der Gurt im Auto geschlossen wurde, und über eine Warnlampe kann angezeigt werden, wenn das nicht der Fall ist.

Analog und digital

Schalter und Lampen sind äußerst rudimentäre Mittler zwischen der Außen- und der Innenwelt eines Computers: Sie tun so, als seien die Welt bzw. Phänomene oder Ereignisse schwarzweiß. Wenn wir Schalter in einem Auto verwenden würden, um den Kontakt zu einem anderen Fahrzeug festzustellen, dann wäre dieser Fühler nicht besonders hilfreich: Er meldet sich immer nur, wenn es schon zu spät ist. Was es braucht, ist eine differenzierte Wahrnehmung der Distanz. Und auch beim Fahren sollte es nicht nur Vollgas und Leerlauf geben, sondern die Möglichkeit, die Beschleunigung zu dosieren. Die Frage ist also: Wie lassen sich Intensitäten wahrnehmen bzw. ausdrücken?

Glücklicherweise gibt es technische Pendants zu unseren Sinneszellen und Muskeln, sie nennen sich Sensoren und Aktoren. Sensoren wandeln eine physikalische Größe in der realen Welt in eine elektrische Größe um. Es gibt da Sensoren, um Distanzen zu Objekten zu ermitteln, Temperaturfühler, Windmesser, Rauchdetektoren sowie Gyrosensoren, mit denen sich Drehbewegungen erspüren lassen. Sie erfassen Intensitäten: Je stärker der gemessene Wind beispielsweise, desto größer der erzeugte Strom. Aktoren bewerkstelligen das Gegenteil: Sie machen aus Strom Aktion. Ein Motor ist ein Beispiel für einen Aktor und wird in vielfältiger Weise bei Robotern oder anderen autonomen Systemen eingesetzt. Je mehr Strom fließt, desto schneller dreht sich der Motor, umso schneller kann eine dadurch angetriebene Bewegung erzeugt werden.

Jetzt gibt es allerdings noch ein Problem. Bei Sensoren und Aktoren werden die Intensitäten über die Stromstärke repräsentiert, sie arbeiten also mit einer stufenlosen Größe, die beliebige Werte in einem Kontinuum an Möglichkeiten annehmen kann. Solch ein Signal nennt man ein analoges Signal. Ein Computer hingegen kennt nur zwei Ausprägungen für ein einzelnes elektrisches Signal: Er unterscheidet, wie gesagt, nur „Strom fließt" und „Strom fließt nicht", stellvertretend als 1 bzw. 0 bezeichnet. Der Computer arbeitet mit digitalen Signalen. Digital heißt so viel wie gestuft. Das Wort hat seine Wurzeln im Lateinischen und bedeutet demnach „mit den Fingern"; bei digitalen Signalen gibt es also nur eine an den Fingern abzählbare Anzahl von verschiedenen Zuständen.

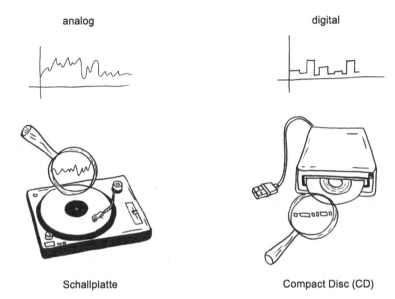

Abb. 5.3 Bei einer Schallplatte werden die in eine Rille eingeprägten Informationen über eine Nadel in ein stufenloses elektrisches Signal umgewandelt (links), bei einer CD setzt ein Laser das eingeprägte Lochraster in ein gestuftes elektrisches Signal um (rechts). (© PHBern: Magdalena Siegenthaler, Eckart Zitzler)

Analog verhält sich zu digital wie ein Drehregler zu einem Schalter oder wie eine Rampe zu einer Treppe. Der Unterschied lässt sich auch gut an zwei mittlerweile ausgedienten Speichermedien illustrieren: der Schallplatte und der CD (Abb. 5.3). In beiden Fällen wird Musik in Form einer spiralförmigen Spur auf einem runden Träger eingeprägt. Bei der Schallplatte ist die Spur durch eine Rille beschrieben, die kleine, aber variable Ausschläge nach links und rechts aufweist. Die Schallsignale sind hier analog festgehalten. Bei der CD ist die Spur eine Folge von Erhebungen und Vertiefungen, die eine Folge von Einsen und Nullen repräsentieren. Die Speicherung erfolgt digital.

Nun gut, zurück zum obigen Problem. Es braucht offenbar eine Möglichkeit, die zwei Signaltypen ineinander umzuwandeln.

Wandler zwischen den Welten.

Wollen wir die Intensität, die ein Sensor mittels seines analogen Signals übermittelt, im Computer verarbeiten, so müssen wir sie in ein 0–1-Muster umwandeln. Dazu wird ein Raster über das Signal gelegt, wobei jeder Stufe im Raster ein eindeutiges 0–1-Muster zugeordnet ist. Das Prinzip – es ist das gleiche wie bei der Rasterung eines Bildes – können wir am besten an einem konkreten Beispiel nachvollziehen (Abb. 5.4 links). Wenn wir die Wasser-menge – hier mal stellvertretend für die Menge an Strom – in einer Bade-wanne messen wollen, können wir ja einfach mehrere Schwimmer auf ver-schiedenen Niveaus platzieren. Jeder Schwimmer ist mit einem Schalter ge-koppelt, den er umstellt, sobald das Wasser ihn hochdrückt. Wenn wir nun die Zustände der Schalter mit 0 und 1 ausdrücken und die resultierenden Ziffern aneinanderhängen, so haben wir unser 0–1-Muster. Klar, bei dieser Umwandlung gehen Informationen verloren, denn wir können nur so viele Wasserstände unterscheiden, wie es Schalter gibt.

Der umgekehrte Weg – ein 0–1-Muster in eine Wassermenge zu übersetzen – ist auch nicht schwierig (Abb. 5.4 rechts). Jedes Bit im zu übersetzenden 0–1-Muster ist mit einem Motor gekoppelt, der einen Wasserhahn voll öffnet (bei einer 1) oder komplett schließt (bei einer 0). Je mehr Wasser-hähne geöffnet sind, desto mehr Wasser fließt. Auch hier gilt: Die Wasser-menge kann nicht beliebig variiert werden, im Beispiel sind nur fünf Varian-ten möglich.

Im Computer gibt es spezielle Bausteine – Analog–digital-Wandler und Digital-analog-Wandler –, die genau die oben skizzierten Prinzipien um-setzen und über die Sensoren ausgelesen bzw. über die Aktoren angesteuert werden können. Die Kopplung zwischen der Außen- und Innenwelt des Computers folgt also einem zweistufigen Umwandlungsprozess: Äußere Phänomene werden zuerst in analoge elektrische Signale umgewandelt und anschließend in digitale elektrische Signale bzw. 0–1-Muster umgesetzt; der Prozess vom Innen zum Außen verläuft genau umgekehrt.

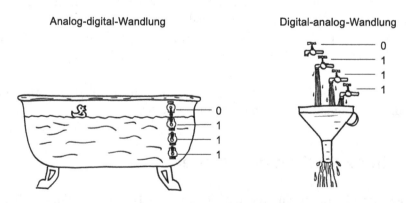

Analog-digital-Wandlung   Digital-analog-Wandlung

Abb. 5.4 Wie analoge Signale in digitale umgewandelt werden können (links) und umgekehrt (rechts), ist hier am Beispiel der Wassermenge illustriert. (© PHBern: Mag-dalena Siegenthaler, Eckart Zitzler)

Cool-down

Computer können ihre Umwelt über Eingabegeräte oder Sensoren allgemein wahrnehmen. Diese Sensoren wandeln physikalische Phänomene wie Druck, Wärme und Licht in elektrischen Strom um. Die Stromstärke spiegelt die Intensität wider. Anschließend wird die Stromstärke mittels spezieller Bauteile – Analog–digital-Wandler – umgewandelt in Nullen und Einsen. Das analoge, d. h. kontinuierliche Signal wird in ein gestuftes, d. h. digitales Signal übersetzt. In die Umwelt eingreifen können Computer über Aktoren, z. B. Lichtquellen, wie sie in Bildschirmen verwendet werden, oder über Motoren, die Bewegungen erzeugen oder Energiequellen steuern. Hierbei wird der umgekehrte Weg beschritten: Ein 0–1-Muster wird in einen kontinuierlichen elektrischen Strom übersetzt, der wiederum den Motor antreibt. Dafür braucht es entsprechende Bauteile, die Digital-analog-Wandler genannt werden. Diese Art der Wandlung ist auch nötig, wenn Computer über größere Distanzen kommunizieren wollen – und darum geht es im nächsten Kapitel: um Computernetzwerke.

6

Das Netz der Netze

Warm-up

Wenn Computer mittels Leitungen oder über Funk miteinander verbunden werden, lassen sich auf schnelle und einfache Art und Weise Daten austauschen. Welche enormen Möglichkeiten sich damit eröffnen, zeigt das Internet. In diesem Computernetzwerk können auf dem ganzen Globus Mitteilungen in verschiedenster Form verschickt, Ressourcen geteilt und Geräte gesteuert werden. Dieses sich permanent verändernde Gebilde hat sich zu einem Nervensystem der Welt herausgebildet, das in fast allen Lebensbereichen in der einen oder anderen Art genutzt wird. Doch was ist das Internet eigentlich und wie werden darin Daten übermittelt?

Der Ruf der Ferne

Wir Menschen sind soziale Wesen und brauchen den Kontakt mit anderen. Gleichzeitig treibt uns unsere Neugierde an, die Welt in ihrer ganzen Weite zu entdecken. Weil unsere natürlichen Möglichkeiten, uns über weite Distanzen zu verständigen, beschränkt sind – wir können rufen, pfeifen oder Handzeichen geben –, haben wir über die Zeit Hilfsmittel erfunden, um diese Kommunikationsgrenzen zu überwinden. Da gibt es Fadentelefone, Nachrichtentrommeln, Rauchzeichen, Flaggen, Scheinwerfer, Megafone usw., mit denen wir teilweise sogar über mehrere Kilometer hinweg Signale senden und empfangen können (Abb. 6.1). Durch eine Kette von Kommunikationsstationen lassen sich auf diese Weise sogar noch viel größere Entfernungen überwinden – die über 20.000 km lange Chinesische Mauer mit ihren Alarmfeuertürmen ist

© Springer-Verlag GmbH Deutschland, ein Teil von Springer Nature 2025
E. Zitzler, *Basiswissen Informatik*, https://doi.org/10.1007/978-3-662-70121-8_6

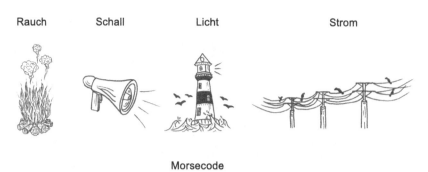

Rauch   Schall   Licht   Strom

Morsecode

S O S

Abb. 6.1 Signale können auf verschiedene Arten über größere Distanzen übermittelt werden; Codes wie der Morsecode definieren dabei, wie Informationen dargestellt werden. (© PHBern: Magdalena Siegenthaler, Eckart Zitzler)

ein prominentes Beispiel. Dieses Prinzip wurde schließlich mit Nutzung der Elektrizität bei den Telegrafen und dem Telefon weiter ausgebaut und verfeinert. Die modernen Kommunikationstechnologien, auf denen das Internet basiert, haben wiederum neue Dimensionen eröffnet, was die Übertragungsgeschwindigkeit und den Datendurchsatz betrifft.

Bei allen Kommunikationsmitteln ist die zentrale Frage, wie die Informationen übertragen werden sollen. Und ja, da sind wir wiederum bei den Codes: Wir müssen uns auf elementare Signale einigen, z. B. verschieden rhythmisierte Klopfzeichen, und schließlich eine Zuordnung treffen, wie wir Nachrichten mittels dieser Signale codieren. Ein altbekanntes Beispiel ist der Morsecode, der bei vielen Technologien eingesetzt werden kann. Er kennt einzig kurze und lange Signale – Lichtzeichen oder Töne – sowie kurze und lange Pausen dazwischen, und jeder Buchstabe unseres Alphabets wird mittels einer Signalkombination eindeutig identifiziert, wie wir das vom SOS kennen (Abb. 6.1). Es gibt allerdings neben der Darstellungsfrage noch weitere Dinge, die es zu beachten gilt. Solange nur einer mit einem anderen auf der anderen Seite kommuniziert, ist ja immer klar, wer Sender und Empfänger ist. Doch sobald das Kommunikationsmedium so genutzt werden soll, dass mehrere potenzielle Sender an mehrere potenzielle Empfänger versenden können, müssen wir uns etwas ausdenken. Es braucht also so etwas wie Adressen. Bei der Briefpost schreiben wir beide Informationen auf das Kuvert, beim klassischen Telefon sind die Teilnehmer über Nummern identifizierbar. Das ist beim Internet nicht anders.

Warum Netze nett sind

Das Internet ist ein riesiger weltweiter Verbund von Computern, die über Kabel oder Funk miteinander verknüpft sind und auf diesen Wegen Daten austauschen können. Man spricht bei solch einem Kommunikationsverbund von einem Netzwerk, weil hier Elemente wie bei einem Fischernetz verwoben werden; mit den Maschen lässt sich mit wenig Material eine sehr große Fläche abdecken. Das heißt nun aber nicht, dass ein Computernetzwerk tatsächlich so aussieht wie ein Netz, das wir aus unserem Alltag kennen. Es kann sehr unterschiedliche Formen annehmen, und das gilt insbesondere für das Internet, welches sich wie ein organisches Gebilde ständig verändert. Das Internet ist ursprünglich hervorgegangen aus einem kleinen Computerverbund in den USA, bei dem es um militärische Anwendungen ging: dem ARPANET. Es brauchte ein paar Jahrzehnte, bis aus diesem Miniverbund jenes riesige Netzwerk entstand, das wir heute als Internet tagtäglich benutzen.

Die Möglichkeiten, die ein weltweiter Computerverbund bietet, haben sich erst mit der Zeit ausgestaltet. Zunächst einmal stand vor allem der Nachrichten- und Datenaustausch im Vordergrund. Gleichzeitig wurden Computernetzwerke lokal genutzt, um Ressourcen zu teilen. Teure Gerätschaften wie Drucker oder Speicher konnten an einzelnen Computern angehängt werden, über die dann andere Computer im Netzwerk ebenfalls drucken oder Daten sichern konnten. Je leistungsfähiger die Netze wurden, desto mehr entstand. Aus einfachen Chats zwischen zwei Partnern entstanden Newsgroups und später soziale Kommunikationsplattformen mit Millionen von Teilnehmern. Auf einmal konnten nicht nur Einzelne mit Einzelnen, sondern viele mit vielen kommunizieren. Gleichzeitig wurden Rechenleistungen geteilt und Programme liefen auf einmal nicht mehr nur auf dem eigenen Computer, sondern vielmehr handelte es sich nun um eine Vielzahl von Programmen, die parallel auf verschiedenen Computern gemeinsam eine Aufgabe bewerkstelligten (Abb. 6.2). Und weil Computer immer kleiner werden, sind sie heute in nahezu allen Geräten vorzufinden; gleichzeitig sind sie eigentlich immer ins Internet eingebunden und vielfach auch darauf angewiesen. Aus diesen Gründen ist das Internet mittlerweile zu einem Nervensystem der Computertechnologie geworden, es spannt ein Netz quer über die Erde.

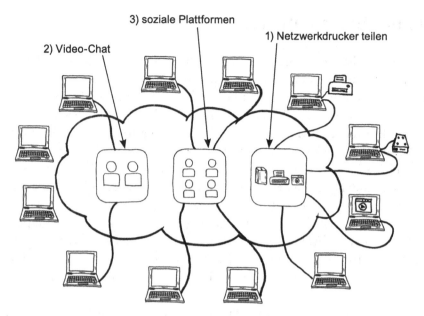

Abb. 6.2 Die Möglichkeiten des Internets: vom 1) Ressourcen-Teilen über 2) einfache Kommunikation zu 3) verteilten Anwendungen. (© PHBern: Magdalena Siegenthaler, Eckart Zitzler)

Wie das Internet geknüpft ist

Wie sieht das Internet eigentlich aus? Niemand weiß es, derweil es sich in ständiger Veränderung befindet. Wir sind ja mit unserem Smartphone, unserem Laptop und anderen Geräten Teil des Internets und docken uns mal hier und mal dort an – das gilt für Millionen andere Nutzer auch. Natürlich gibt es stabile etablierte Strukturen, z. B. zentrale Netzwerkknoten, über die riesige Datenmengen zwischen den Kontinenten hin- und hergeschaufelt werden, doch vieles ist ständig im Fluss. Einzelne Computernetzwerke, wie wir sie zu Hause, in der Firma oder in der Schule vorfinden, werden häufig nach verschiedenen Gesichtspunkten zusammengestellt – man spricht dabei von LANs, also räumlich eingegrenzten Netzwerken bzw. *local area networks.* Da können alle miteinander verbunden sein oder es gibt eine Zentrale, mit der jeder Einzelne verbunden ist, es finden sich aber auch kreisartige Anordnungen. Und selbst wenn alle Computer an ein und derselben Leitung angeschlossen sind, spricht man von einem Netzwerk. Und natürlich gibt es Mischformen. Das Internet beinhaltet ein Sammelsurium aus solchen Strukturen (Abb. 6.3). Klar ist: Nicht jeder Computer ist direkt mit jedem anderen Computer im Internet verbunden – sonst bestände die Welt nur noch

Ring: alle hintereinander   vollvermascht: jeder mit jedem

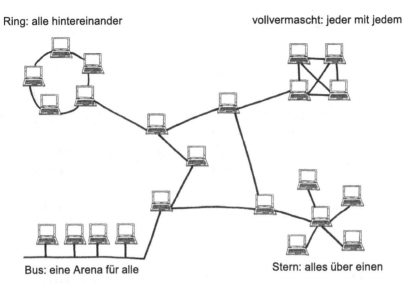

Bus: eine Arena für alle   Stern: alles über einen

Abb. 6.3 Computernetzwerke können verschieden strukturiert sein, und gewisse Strukturen werden gesondert bezeichnet. (© PHBern: Magdalena Siegenthaler, Eckart Zitzler)

aus Kabeln. Das Internet ist vielmehr ein hierarchisches Gebilde, in dem Netzwerke aus Netzwerken aus Netzwerken bestehen; jedes dieser Netzwerke hat seine eigenen Strukturen.

Die Verbindungen selbst müssen nicht notwendigerweise Leitungen sein, sie stehen einfach für einen Kommunikationskanal, der genauso gut draht-los realisiert werden kann. Letztlich stehen ganz verschiedene Technologien dafür zur Verfügung: Naheliegend sind elektrische Leitungen, darüber hinaus gibt es Lichtwellenleiter (Glasfaser) sowie Funk- und Satellitenverbindungen. Letztere ermöglichen drahtlose Netzwerke, die uns im Alltag als WLAN be-gegnen; ein WLAN ist ein drahtloses lokales Netzwerk, das W steht nämlich für *wireless*. Jede Technologie erfordert nicht nur ihren eigenen Code, son-dern je nachdem, wie sie eingesetzt wird, müssen noch viele weitere Aspekte geklärt werden. Sollen beispielsweise viele Computer den gleichen Funkkanal verwenden, dann ist das wie eine offene Gesprächsrunde. Wenn alle gleich-zeitig drauflostratschen, versteht niemand sein eigenes Wort. In diesem Fall braucht es entweder einen Moderator oder ein Regelwerk, gemäß dem sich die Teilnehmer organisieren. Und weil im Internet diverse Technologien parallel genutzt werden, sind zudem geeignete Geräte – Switches genannt – erforderlich, die als Mittler auftreten und Technologien verbinden bzw. Technologiegrenzen überbrücken können. Wir sehen: Da braucht es einiges, damit aus vielen einzelnen Computernetzwerken ein großes Ganzes wird.

Flieg, Täubchen, flieg

Wenn wir uns vor Augen führen, wie viele Computer da gleichzeitig über das Internet kommunizieren, dann kann einem schwindlig werden. Wie ist es möglich, dass bei diesem Getratsche kein Durcheinander entsteht, sondern Bob in den USA mit Anne in der Schweiz chatten kann, als wären ihre Computer direkt miteinander verbunden? Nun, zunächst einmal ist es wichtig zu wissen, dass hier nicht einfach nur Leitungen miteinander gekoppelt werden und dadurch quasi eine durchgehende Leitung zwischen beiden Parteien geschaffen würde. Das war beim klassischen Telefon früher der Fall, da wurde effektiv eine elektrische Verbindung hergestellt. Im Internet ist es hingegen so, dass Nachrichten in Form von Paketen verschickt werden. Ein Paket ist ein Datenbündel einer gewissen Größe, das einzeln – wie ein normales Paket eben – durch den Netzwerkdschungel vom Sender zum Empfänger geschickt wird. Ist eine Nachricht größer als die zulässige maximale Größe eine Pakets, muss sie auf mehrere Pakete aufgeteilt werden. Nachrichten werden also portioniert, die Pakete einzeln verschickt und beim Empfänger schließlich wieder zur Gesamtnachricht zusammengesetzt. Und verschicken heißt: Ein Paket wird von Computer zu Computer weitergereicht – wie beim Spiel „Stille Post", auch bekannt als Flüsterspiel. Die Wegroute wird *on the fly* entschieden, der aktuell mit dem Paket beschäftigte Computer weiß zumeist nicht, wie der Gesamtweg aussieht. Er leitet das Paket vielmehr weiter an einen Computer, von dem er weiß, dass der weiterweiß und näher beim Empfänger liegt (Näheres dazu dann in Kap. 17). Und es kann durchaus sein, dass die Pakete einer Nachricht auf verschiedenen Wegen und in geänderter Reihenfolge beim Empfänger landen (Abb. 6.4). Deswegen ist es wichtig, dass die Pakete nummeriert und am Ziel richtig zusammengesetzt werden.

Was allerdings beim Ganzen noch nicht klar ist: Woher weiß Bob, wo Anne ist, schließlich kann sie ja zu Hause, in Zürich in der Straßenbahn, in Amsterdam am Flughafen oder auf Hawaii im Urlaub sein? Wie bei der Briefpost braucht es hier eindeutige Adressen, sie werden Internetadressen genannt. Jedes Gerät, das an das Internet angeschlossen ist, erhält solch eine Internetadresse und ist über sie ansprechbar. Allerdings kann sich diese ändern in Abhängigkeit davon, in welchem lokalen Netzwerk man sich befindet – so ist es bei der Briefpost ja auch, auf Reisen haben wir z. B. eine temporäre Hoteladresse. Die Internetadressen sind wie unsere Postadressen hierarchisch aufgebaut: Da gibt es Regionen, Internetdienstleister usw. bis hin zu den privaten Netzwerken bei uns zu Hause. Alle diese Stufen sind in der

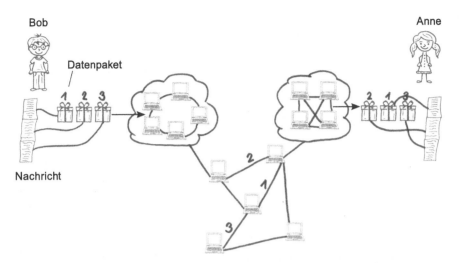

Abb. 6.4 Wie eine Nachricht in Pakete portioniert wird und diese ihren Weg im Dschungel finden; die Pakete nehmen möglicherweise unterschiedliche Wege und werden beim Empfänger zur Nachricht zusammengesetzt. (© PHBern: Magdalena Siegenthaler, Eckart Zitzler)

Adresse sichtbar. Je nachdem, wo sich Annes Computer befindet, besitzt er eine andere Internetadresse. Und weil es darüber hinaus noch Verzeichnisse im Internet gibt mit den Anlaufstellen für bestimmte Adressbereiche – sogenannte Domänen –, kann Bob, sofern er Annes Internetadresse kennt, mit ihr chatten.

Cool-down

Ein Computernetzwerk ist ein Verbund von Computern, die über Kabel oder Funk miteinander gekoppelt sind und so Daten austauschen können. Das Internet wiederum ist ein riesiger Verbund aus Computernetzwerken, der zwar hierarchisch aufgebaut ist, dessen Struktur sich jedoch laufend ändert. Jeder Computer, der ans Internet angeschlossen ist, ist über eine Internetadresse ansprechbar. Über diese Adresse ist es möglich, seinen Ort zu identifizieren und ihm so Nachrichten zukommen zu lassen. Nachrichten werden in kleine Pakete aufgeteilt, und jedes dieser Pakete wird von Computer zu Computer weitergereicht, bis es beim Empfänger angekommen ist. So ist es möglich, dass viele Computer gleichzeitig über das Internet Daten austauschen können.

Teil II

Vertiefen

7

Von Hirn und Herz – Computeranatomie

Warm-up

So wie ein Mensch Herz, Hirn, Leber, Niere und weitere Organe besitzt, besteht ein Computer aus verschiedenen spezialisierten Komponenten, die im Zusammenspiel ein Informatiksystem bilden. Da gibt es Sinnesorgane für die Aufnahme von Informationen, ein Gehirn für deren Verarbeitung, eine Vielzahl von Extremitäten, um in die Umwelt einzugreifen, Nervenbahnen für die innere Kommunikation und Stimmorgane für die Kommunikation nach außen. Ja selbst eine innere Uhr gibt es, auch wenn die nichts mit Tag und Nacht zu tun hat, sondern das Zusammenspiel der Komponenten zeitlich koordiniert. In diesem Kapitel schauen wir uns die einzelnen Bestandteile und ihr Zusammenspiel genauer an: Was sind und können Prozessor, Hauptspeicher, Bus und der ganze Rest?

Der Mensch als Ökosystem

Der menschliche Organismus ist ein gegliedertes Ganzes, ein Ökosystem für sich, in dem viele spezialisierte Zellverbände in einem wundersamen Miteinander uns zu dem machen, was wir sind. Es hat etwas gedauert, bis wir es wagten, unser Inneres zu erforschen – Leonardo da Vinci war einer der Vorreiter. Heute wissen wir viel über die einzelnen Organsysteme und ihr mannigfaltiges Wechselspiel, auch wenn unser Körper uns immer wieder Rätsel aufgibt. Zwar ist der Körper eines jeden Menschen individuell und einzigartig, doch liegt uns allen derselbe Bauplan zugrunde: dieselben Bestandteile in derselben Anordnung und mit denselben Funktionsweisen. Dieser Bauplan ist in unserem Erbgut festgeschrieben, und das gilt für andere Lebewesen

© Springer-Verlag GmbH Deutschland, ein Teil von Springer Nature 2025
E. Zitzler, *Basiswissen Informatik*, https://doi.org/10.1007/978-3-662-70121-8_7

ebenso. Er hat sich über Jahrmillionen entwickelt als Anpassungsleistung an den Lebensraum. Und er entwickelt sich nach wie vor.

Die Bestandteile des Systems Mensch sind spezialisiert auf bestimmte Aufgaben (Abb. 7.1). Ein Großteil unserer Organe ist damit beschäftigt, unseren Zellstaat am Leben zu erhalten und für diesen Zweck mit ausreichend Energie zu versorgen. Wir müssen Nahrung aus unserer Umwelt aufnehmen, aus ihr die für uns notwendigen Stoffe extrahieren – das erledigen Magen und Darm – und diese dann im Körper verteilen – dafür ist vor allem unser Herz zusammen mit den Blutgefäßen zuständig. Auch für die Fortpflanzung gibt es Organe. Schließlich besitzen wir Sinnesorgane, um unsere Innen- und Außenwelt zu erfassen, und Muskeln, um unseren Körper zu bewegen; unserem Nervensystem mit dem Gehirn als Zentrale kommt dabei die Rolle des Mittlers zu, der aus Wahrnehmungen Reaktionen generiert. Mit dem Rückenmark besitzen wir dabei ein Hochleistungsverbindungsnetz, das Informationen zwischen Körper und Hirn transferiert.

Vom Menschen zur Maschine

Der Mensch ist auch der Ausgangspunkt, wenn wir nun zum Inneren des Computers übergehen. Denn die ersten Computer waren Menschen. Nun gut, nicht im wörtlichen Sinne. Man nannte Leute, deren Haupttätigkeit darin bestand, komplizierte oder aufwändige Rechnungen durchzuführen, Computer, es waren *human computers*. Dazu brachte man viele Menschen in einem Raum unter und es herrschte eine strenge Aufgabenteilung. Die einen

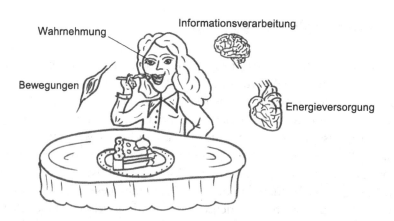

Abb. 7.1 Beim System Mensch spielen verschiedene Organsysteme zusammen und teilen sich die Aufgaben. (© PHBern: Magdalena Siegenthaler, Eckart Zitzler)

führten klar festgelegte Rechenaufgaben durch (und durften nicht davon abweichen), andere versorgten diese menschlichen Rechner mit Aufgaben, wiederum andere führten die Ergebnisse zusammen und kontrollierten sie, ein paar wenige überwachten das Ganze. Wie es in so einem Rechenzentrum damals ausgesehen haben könnte, zeigt Abb. 7.2 in vereinfachter Form. Auf diese Weise konnte man z. B. bereits im 18. Jahrhundert die täglichen Positionen von Himmelskörpern vorausberechnen und im *Nautical Almanac*, einem astronomischen Jahrbuch für die Navigation auf See, veröffentlichen. Ein Einzelner hätte das nie geschafft.

Im Rückblick wirkt das ganze Szenario so, als wollte jemand die Funktionsweise eines Computers in einem Theaterstück vorführen, denn die Struktur eines heutigen Computers spiegelt diese Aspekte wider. Die menschlichen Computer am Schreibtisch zusammen mit der Anweiserin verkörpern den Prozessor, das Herzstück einer modernen Rechenmaschine. Die zentrale Ablage, hier dargestellt durch mehrere Schubladenelemente, entspricht dem Hauptspeicher. Eingabe- und Ausgabeschalter sind im elektronischen Computer durch verschiedene Komponenten wie Tastatur, Bildschirm und Netzwerkanschluss repräsentiert, die die Verbindung zur Außenwelt ermöglichen. Und den Flur bzw. den Boten, der alle Bestandteile miteinander verbindet, nennt man bei einem Computer einen Bus – das ist ein Leitungsbündel, über das der Datenaustausch abgewickelt werden kann. So unterschiedlich Computer heute auch aussehen, an dieser Kernstruktur hat sich seit den

Abb. 7.2 Bevor es Rechenmaschinen gab, wurden aufwändige Rechnungen von Hand im Team durchgeführt. (© PHBern: Magdalena Siegenthaler, Eckart Zitzler)

Anfängen nur wenig geändert. Vom Aufbau her sind alle Computer ähnlich, genauso wie wir Menschen alle die gleiche Anatomie ausweisen.

Die Organe des Computers

Schauen wir uns doch einmal die Organe eines Computers näher an. Im Zentrum steht der Prozessor, das Pendant zum Podest im vorherigen Szenario, auf dem die menschlichen Computer und die Anweiserin arbeiteten (Abb. 7.3). Es handelt sich dabei um ein hochkomplexes Bauteil, auf dem Milliarden von elektronischen Komponenten untergebracht sind. In dieser Verarbeitungszentrale findet das eigentliche Rechnen statt: indem eine Folge von elementaren Rechenoperationen wie Addieren oder Subtrahieren Schritt für Schritt abgearbeitet und auf dieser Basis zusammengesetzte anspruchsvolle Berechnungen durchgeführt werden. Man könnte den Prozessor auch als nackten Computer bezeichnen, dem noch die Interaktionsmöglichkeiten mit der Umwelt fehlen – oder eben als das Gehirn des Computers. Dieses Gehirn hat nur begrenzte Möglichkeiten, um Daten zwischenzuspeichern, und wird deshalb ergänzt um eine große Datenablage, den Hauptspeicher. Im Hauptspeicher – ihm entsprechen die Schubladenelemente im menschlichen Rechenzentrum – sind die zu verarbeitenden Daten, aber auch das

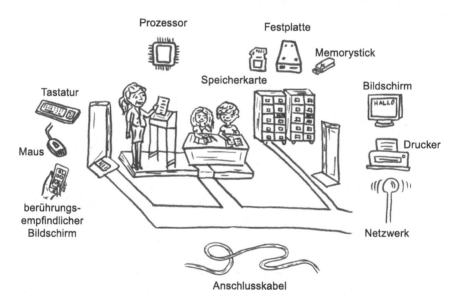

Abb. 7.3 Die Bestandteile eines Computers im Vergleich zu einem menschlichen Rechenzentrum. (© PHBern: Magdalena Siegenthaler, Eckart Zitzler)

abzuarbeitende Programm abgelegt. Der Prozessor holt sich dort, was er jeweils braucht, und legt auch die Ergebnisse dort ab.

Die Verbindung zur Außenwelt wird über spezielle Ein- und Ausgabegeräte sichergestellt, die ganz unterschiedliche Funktionen erfüllen können. Tastatur, Maus, berührungsempfindlicher Bildschirm, Mikrofon und Kamera sind die am weitesten verbreiteten Sinnesorgane, aber es gibt, wie wir bereits in Kap. 5 gesehen haben, verschiedenste Sensoren, die Temperaturen, Distanzen oder Neigungen erfassen können. Genauso ist es bei den Ausgabevorrichtungen, unter denen Bildschirm und Drucker die klassischen Komponenten darstellen, während bei eingebetteten Computern wie Robotern vor allem Motoren die Muskulatur zur Verfügung stellen, um in die Welt einzugreifen. Und manche Komponenten erlauben auch beide Wege der Interaktion, z. B. der Netzwerkadapter: Er stellt die Verbindung zum Internet über Funk oder Kabel her und wickelt den Datenverkehr ab. Schließlich gibt es noch Massenspeicher, riesige Schubladenregale, die den Hauptspeicher ergänzen, um größere Datenmengen aufzunehmen. Manche dieser Komponenten sind im Gehäuse eines Computers untergebracht, viele werden jedoch außerhalb des Computers in einem separaten Gehäuse platziert, z. B. ein externer Lautsprecher oder ein externer Bildschirm. Ach ja: Und das Herz? Nun, der Strom kommt ja zumeist aus der Steckdose, und die Pumpe, die das System mit Energie versorgt, ist typischerweise nicht Teil des Computers. Bei einem Marsroboter ist das etwas anderes, da braucht es auch Komponenten zur Energiegewinnung.

Die Sinfonie des Zusammenspiels

Damit all diese Organe zusammenspielen, um das System Computer zum Leben zu erwecken, braucht es ein Nervensystem, sprich: elektrische Leitungen für den Datenaustausch. Im einfachsten Fall handelt es sich dabei um ein Leitungsbündel, an das alle Komponenten angeschlossen sind (Abb. 7.4). Dieses Leitungsbündel ist quasi das Rückenmark des Computerkörpers und nennt sich Bus – er ist zwar auch ein Transportmittel, hat aber nichts mit unserem Stadtbus zu tun. Im Gegensatz zu unserem Rückenmark können dort Daten in beiden Richtungen über die Leitungen geschickt werden – Nervenbahnen kennen nur eine Richtung. Normalerweise gibt es viele solcher Busse, schnellere und langsamere, einige davon werden sogar nach

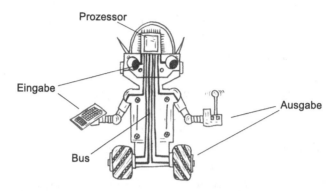

Abb. 7.4 Anatomie eines einfachen Informatiksystems: Die Ein- und Ausgabekomponenten sind über den Bus mit dem Prozessor verbunden, über den die Kommunikation in einem zeitlichen Raster – dem Takt – abläuft. (© PHBern: Magdalena Siegenthaler, Eckart Zitzler)

außen geführt, sodass externe Geräte wie z. B. ein Drucker oder ein portabler Massenspeicher angeschlossen werden können. Das sind die Buchsen, die an einem Computergehäuse sichtbar sind. Es gibt natürlich auch Busse, die keine Kabel benötigen, sondern wie in einem WLAN über Funk kommunizieren.

Aber bleiben wir mal beim einfachsten Fall, dass wir wie bei den ersten Computern nur einen großen Bus in der Mitte haben. Damit wie bei einer Gesprächsrunde nicht alle gleichzeitig reinreden und sich stören, braucht es einen Moderator, der den anderen das Recht zum Sprechen erteilt. In der Regel übernimmt der Prozessor diese Rolle: Er spricht die anderen Bauteile an, holt von ihnen schrittweise die Daten und legt sie ggf. in einer anderen Komponente wie dem Hauptspeicher ab. Und wichtig ist dabei auch, dass allen angeschlossenen Geräten klar ist, wie über den Bus kommuniziert wird – das nennt man ein Protokoll. Häufig gibt es dafür eine innere Uhr, die über einen sogenannten Takt ein zeitliches Raster wie bei einem Sinfoniekonzert vorgibt, in dem einzelne Kommunikationsschritte ablaufen. Bei modernen Computern, in denen viele Busse mit verschiedenen Protokollen zum Einsatz kommen, gestaltet sich das alles viel komplizierter, auch wenn das Prinzip dasselbe ist. Und da gibt es dann auch mehrere Moderatoren, die sich untereinander abstimmen.

Cool-down

Ein Computer hat eine Anatomie, so wie wir Menschen. Was bei uns das Hirn, ist beim Computer der Prozessor, die zentrale Verarbeitungseinheit, in der Daten bearbeitet werden. Dieser Prozessor ist über ein großes Leitungsbündel – quasi das Rückenmark – mit den anderen Komponenten des Computersystems verbunden. Dieser Nervenstrang heißt Bus. An den Bus sind sowohl Speicherkomponenten wie Haupt- und Massenspeicher angeschlossen als auch Ein- und Ausgabegeräte wie Tastatur und Bildschirm. Damit kein Durcheinander entsteht, ist klar geregelt, wer gerade auf dem Bus Daten verschicken darf. All das macht die Hardware eines Computers aus. Damit das Ganze aber auch im Betrieb funktioniert, braucht es zudem die entsprechende Software: das Betriebssystem. Und dazu kommen wir jetzt im folgenden Kapitel.

8

Der Meister des Betriebs

Warm-up

Ein Computer ist ein universelles Werkzeug zur automatisierten Informationsverarbeitung. Bevor wir ihn aber für eine bestimmte Aufgabe einsetzen können, muss er mittels eines Programms darauf eingestellt werden. Das heißt: Die
Computerhardware, die ja zunächst mal nur die Infrastruktur zur Verfügung
stellt, ist ohne Software nicht nutzbar; erst das Programm bringt Schwung in
die Verarbeitung. Doch wie kommt das Programm in den Computer, wie können wir zwischen verschiedenen Programmen umschalten oder diese sogar
gleichzeitig laufen lassen? Auch dafür braucht es Software, eine Art Facility-
Manager, der einen Computer überhaupt erst bedienbar macht und seinen
Betrieb ermöglicht. Diese Software heißt Betriebssystem, und in diesem Kapitel schauen wir uns an, was ein Betriebssystem ist und welche Aufgaben es bewerkstelligt.

Wie Leben in die Bude kommt

Fangen wir bei etwas an, was uns allen aus eigener Erfahrung vertraut ist:
die Schule. Dort herrscht ein vielfältiges Treiben mit ganz verschiedenen
Facetten. Werfen wir einmal einen pragmatischen Blick auf das System
Schule, wobei Sie sich irgendeine konkrete Institution vorstellen können.
Wie erweckt man eigentlich so eine Schule zum Leben? Das Gebäude mit
seiner Infrastruktur ist das eine, doch es braucht sehr viel mehr, damit sie
in Betrieb gehen kann. Ganz banal: Sie muss natürlich an das Stromnetz,
das Wassernetz und weitere Versorgungseinrichtungen angeschlossen sein.
Es braucht jemanden, der die Heizung einstellt, tropfende Wasserhähne

© Springer-Verlag GmbH Deutschland, ein Teil von Springer Nature 2025
E. Zitzler, *Basiswissen Informatik*, https://doi.org/10.1007/978-3-662-70121-8_8

repariert und defekte Lampen auswechselt. Auch das WLAN und die Computer müssen in Schuss gehalten werden. Jemand muss am Morgen die Türen öffnen und am Abend wieder abschließen. Lernende und Lehrpersonen müssen wissen, wann sie wo zu sein haben. Es braucht einen Stundenplan, zumeist einen ausgeklügelten, und jemand muss ihn allen Beteiligten mitgeteilt haben. Es braucht Zeiten, wann die Schule beginnt, wann die Unterrichtsblöcke beginnen und enden usw. Und die Putzequipe sorgt dafür, dass der hineingewirbelte Dreck wieder verschwindet und am nächsten Tag alles frisch aussieht. Ja, das Facility-Management ist anspruchsvoll, es braucht so einiges, damit der Betrieb einer Schule funktioniert (Abb. 8.1 links) – und dabei haben wir noch gar nicht über das geredet, worum es dort eigentlich geht: das Lernen.

Bei uns ist das ja ähnlich: Während wir uns den Kopf darüber zerbrechen, wohin wir im Sommer in den Urlaub fahren wollen, treten wir in die Fahrradpedale, atmen dabei, unser Herz schlägt und pumpt Blut durch unsere Adern, während sich der Darm über das vorher eingenommene Mittagessen hermacht (Abb. 8.1 rechts). Ganz viel passiert automatisch, erhält unseren Betrieb, wenn man so sagen will, und erlaubt uns, überhaupt in Ruhe über solche Luxusprobleme nachzudenken. Auch wir haben also eine Art Facility-Management in uns eingebaut, denn vieles läuft unbewusst, lässt sich nicht einmal bewusst steuern. Der Herzschlag und der Blutdruck beispielsweise

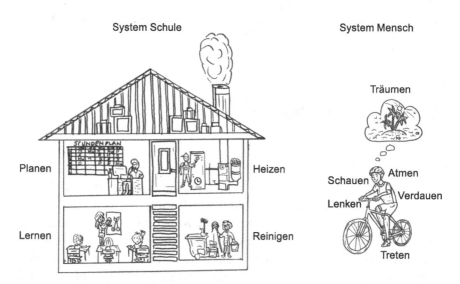

Abb. 8.1 Was alles im Hintergrund abläuft, damit der Unterricht stattfinden kann ... oder wir von unserem nächsten Urlaub träumen können. (© PHBern: Magdalena Siegenthaler, Eckart Zitzler)

lassen sich nicht direkt willentlich beeinflussen, und auch die Atmung, die wir schon eher steuern können, entzieht sich spätestens dann, wenn wir vom Luftanhalten ohnmächtig werden, unserer bewussten Kontrolle. Das vegetative Nervensystem kümmert sich um unseren Körperbetrieb und stellt sicher, dass alles im Lot ist. Auch die Verdauung operiert autonom. Andere Tätigkeiten, z. B. das Fahrradfahren, müssen wir bewusst erlernen, aber mit der Zeit bekommen wir Routine und beherrschen das Ganze quasi im Schlaf. Die Handlungen haben sich so eingeprägt, dass sich unser Bewusstsein auf etwas anderes konzentrieren kann.

Ohne Programm geht nichts

Natürlich braucht es auch beim Computer eine Betreuung und Verwaltung der Hardwareinfrastruktur, einen Betriebsmeister in Form eines Programms. Diese Software, die den Betrieb sicherstellt, nennt sich Betriebssystem. Wenn wir einen Computer bedienen, erscheint uns selbstverständlich, dass wir ihn über ein Passwort oder einen Fingerabdruck sichern, die Lautstärke akustischer Signale einstellen, über grafische Symbole Programme starten, Textausschnitte von einem Programm in ein anderes kopieren – und ja: dass wir beliebige Programme parallel laufen lassen können. Doch all das ist nicht selbstverständlich, denn ein Computer ohne Programm ist wie ein Koch ohne Rezept. Computer sind dazu da, Programme auszuführen und so auf bestimmte Aufgaben ausgerichtet zu werden. Doch wenn wir einen Computer anschalten, wie kommt da überhaupt ein Programm hinein? Früher, das hatten wir bereits in Kap. 3 gesehen, wurden Kabel umgesteckt und so das Programm eingespeist. Doch wie ist das heute?

Nun, an sich ist es ganz einfach: Man nutzt ein Programm, das andere Programme in den Hauptspeicher laden und dort zur Ausführung bringen kann. Dieses Programm ist fix – vom Hersteller – in einem speziellen Teil des Hauptspeichers abgelegt, der entweder unveränderlich ist oder dessen Inhalt auch ohne Stromzufuhr erhalten bleibt. Der Prozessor ist so eingestellt, dass er nach dem Anschalten genau an dieser Stelle nach den ersten auszuführenden Befehlen sucht. Auf diese Weise lässt sich eine sogenannte Benutzeroberfläche realisieren, die der Nutzerin und dem Nutzer die Möglichkeit gibt, den Computer zu bedienen (Abb. 8.2). Allerdings braucht es noch mehr, z. B. wenn wir Programme starten wollen, die auf einem externen Speichermedium abgelegt sind. Die Rede ist von den Dateien. Programme müssen benannt, als Datenblöcke organisiert und auffindbar sein. Das Ganze nennt sich dann Dateisystem. Und auch das ist nicht

Abb. 8.2 Beispiele für Benutzeroberflächen, die von einem Betriebssystem zur Verfügung gestellt werden. (© PHBern: Magdalena Siegenthaler, Eckart Zitzler)

selbstverständlich, sondern muss durch Software realisiert werden. Damit hätten wir schon die rudimentären Aufgaben skizziert, für die ein Betriebssystem zuständig ist.

Hin und her und hin und her

Das Betriebssystem ermöglicht uns, ein Programm zum Abspielen von Musik zu starten und unserer Lieblingsband zu lauschen. Doch wenn wir jetzt gleichzeitig einen Text schreiben wollen, muss das Textverarbeitungsprogramm parallel zum Musikprogramm laufen können. Ein Computer kann jedoch streng genommen nur ein Programm, jeweils einen Befehl nach dem anderen ausführen. Mehrere Prozessoren einzusetzen ist eine gängige Lösung, die aber unser Bedürfnis nur teilweise befriedigt: Wir wollen ja beliebig viele Programme gleichzeitig in Bearbeitung haben. Dass ein Computer gleichzeitig eine große Zahl von Aufgaben erledigen kann – dies bezeichnet das in den Alltag übernommene Wort *Multitasking* –, ermöglicht ein Trick: Der Computer schaltet einfach zwischen den Programmen hin und her, und zwar so schnell, dass wir es gar nicht merken (Abb. 8.3).

Sie können sich das wie eine Gesprächsrunde vorstellen, in der der Moderator jeweils den einzelnen Teilnehmenden das Rederecht zuweist und wieder entzieht. Der Moderator ist in diesem Fall das Betriebssystem. Es schaut zunächst nach, welches Programm gerade an der Reihe ist, und stellt dann eine Stoppuhr ein; anschließend verzweigt es zum Befehl, wo die Ausführung jenes Programm zuletzt stehen geblieben ist. Läuft die Stoppuhr ab,

Sängerin   Betriebsmeister   Texter

Abb. 8.3 Illustration des Konzepts, wie ein Betriebssystem abwechselnd zwischen Programmen hin- und herschaltet – jede Aktivität kommt nur für eine kurze Zeit zur Ausführung, bevor wieder gewechselt wird. (© PHBern: Magdalena Siegenthaler, Eckart Zitzler)

führt der Prozessor wieder das Betriebssystem aus, welches daraufhin zum nächsten Programm verzweigt. Dass wir diese Wechsel gar nicht mitbekommen, hat mit der Trägheit unserer Wahrnehmung zu tun: Wie bei einem Film machen wir aus vielen Einzelbildern automatisch einen Fluss.

Die Hardware bedienbar machen

Dem Betriebssystem kommt allerdings nicht nur die Aufgabe zu, den Computer für uns Anwender bedienbar zu machen, sondern auch für die Programme. Auch Programme arbeiten mit Daten, die dauerhaft gespeichert werden müssen, auch Programme benötigen folglich ein Dateisystem. Es geht aber auch darum, Eingaben des Benutzers auf der Tastatur oder dem Touchscreen entgegenzunehmen oder Ergebnisse auf dem Bildschirm oder über einen Lautsprecher auszugeben. Das Betriebssystem stellt Programmen vereinfachte Möglichkeiten zur Verfügung, die Hardware zu bedienen, und macht es damit den Programmiererinnen und Entwicklern von Software leichter (Abb. 8.4).

Und schließlich ist unser Betriebsmeister noch dafür zuständig, Streit zu schlichten. Wenn mehrere Programme quasi gleichzeitig aktiv sind, kann es vorkommen, dass sie die gleichen Ressourcen nutzen wollen. Und damit

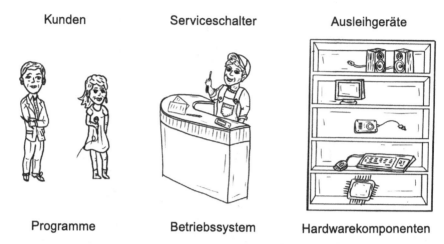

Kunden   Serviceschalter   Ausleihgeräte

Programme   Betriebssystem   Hardwarekomponenten

Abb. 8.4 Das Betriebssystem fungiert als Serviceschalter für Programme und verwaltet die Hardwareressourcen. (© PHBern: Magdalena Siegenthaler, Eckart Zitzler)

dann kein Chaos entsteht, regelt das Betriebssystem den Zugriff und schaut, dass beispielsweise ein Programm nicht den ganzen Hauptspeicher annektiert und die Daten anderer Programme verändert. Die Hausordnung ist hier sehr rigide. Das Gleiche gilt übrigens auch für Nutzerinnen und Nutzer. Wer Zugriff auf den Computer über ein Passwort erhält, wer welche Daten sehen darf usw. – all das ermöglicht das Betriebssystem neben vielen weiteren Aufgaben, die zum Betrieb gehören. Heutzutage bestehen Betriebssysteme nicht mehr nur aus einem Programm, sondern aus vielen Programmpaketen, die nach dem Starten des Computers geladen und nacheinander gestartet werden. Deswegen kann das Hochfahren eines Computers – auch als *Booten* bezeichnet – eine gewisse Zeit in Anspruch nehmen.

Cool-down

Das Betriebssystem ist der Facility-Manager in einem Computer. Es handelt sich um ein Programm – oder besser gesagt: um ein Programmpaket –, das als Erstes beim Hochfahren eines Computers ausgeführt wird und den Computer überhaupt erst bedienbar macht. Es stellt die Benutzeroberfläche – Fenster, Symbole usw. – zur Verfügung, erlaubt uns Programme zu starten, zu beenden sowie die Grundfunktionen des Computers – Bildschirmhelligkeit, Lautstärke, Zugriffsschutz etc. – einzustellen. Es ist auch für die Sicherheit unseres Computers zuständig. Das Betriebssystem macht die Computerhardware, aber auch die Programme bedienbar, indem es Funktionen für die Ein- und Ausgabe zur Verfügung stellt. Das erleichtert den Programmiererinnen und Programmierern die Arbeit. Denn die Befehle, die ein Prozessor beherrscht, sind nur sehr rudimentär. Programmiersprachen sind weitere Facility-Manager, wie wir im nächsten Kapitel sehen werden.

9

Sprachenwelten

Warm-up

Programme werden zumeist als Texte formuliert, doch wie wir gesehen haben,
gibt es auch ganz andere Formen der Darstellung, z. B. als grafische Blöcke.
Letztlich hängt das von der Programmiersprache ab, die wir verwenden. Sie
stellt den Rahmen zur Verfügung, um Programme zu beschreiben. Doch wie
kann ein Computer all die verschiedenen Beschreibungen verstehen und letztlich in automatisierte Abläufe umsetzen? Oder anders gefragt: Wie ist es möglich, dass ein Computer mehrere Programmiersprachen versteht? Ist er von
Natur aus ein Sprachenkünstler oder muss man ihm die verschiedenen Aus-
drucksformen erst beibringen? In diesem Kapitel werden wir sehen, dass ein
Computer an sich von seiner Hardware her nur eine Sprache beherrscht. Weitere Programmiersprachen müssen ihm vermittelt werden – und zwar über spezielle darauf ausgerichtete Übersetzerprogramme.

Vom Verständigen und Übersetzen

In unserer Muttersprache sind wir zu Hause. In ihr können wir uns differen-
ziert und treffend ausdrücken, wir verfügen über einen variantenreichen Wort-
schatz, wissen um die Mehrfachbedeutungen von Begriffen und sind in der
Lage, subtile Zwischentöne wie Ironie einzuflechten sowie zu erkennen. Andere Sprachen können wir erlernen. Einigen fällt das leicht, anderen schwe-
rer, doch zumeist erreichen wir nicht die Ausdrucksfähigkeit, die wir in unserer
Muttersprache besitzen. Manchmal reicht es nur für rudimentäre Sätze, und
gehen uns die Wörter aus, behelfen wir uns häufig mit Händen und Füßen.

© Springer-Verlag GmbH Deutschland, ein Teil von Springer Nature 2025
E. Zitzler, *Basiswissen Informatik,* https://doi.org/10.1007/978-3-662-70121-8_9

Ist uns die Fremdsprache völlig fremd, dann bleibt uns tatsächlich nur noch die Zeichensprache – zeigen, andeuten, gestisch umschreiben, mimisch untermalen –, um dem Gegenüber unsere Absichten zu vermitteln (Abb. 9.1 links). Diese Art der Verständigung wird fast überall verstanden, auch wenn wir hier hin und wieder aufgrund kultureller Unterschiede spannende Überraschungen erleben können. Die Zeichensprache ist allerdings in ihren Ausdrucksmöglichkeiten stark beschränkt, es sei denn, wir denken an ausgeklügelte Zeichensysteme wie die Gebärdensprache, die ebenfalls wie eine Fremdsprache erlernt werden muss.

Glücklicherweise gibt es Übersetzer, die interessante Texte in mühevoller Kleinarbeit in unsere Muttersprache übertragen und so für uns zugänglich machen. Dabei sollten Original und Übersetzung möglichst gut miteinander korrespondieren und der Sinn erhalten bleiben. Keine einfache Aufgabe, wenn wir nur an die vielen kulturellen Eigenheiten denken, die jede Sprache besitzt. Besonders anspruchsvoll ist das Ganze beim Simultanübersetzen, wenn gesprochene Information unmittelbar in eine andere Sprachwelt übertragen werden soll (Abb. 9.1 rechts). Hier kennt ein Simultanübersetzer vielleicht nicht einmal das Ende des aktuellen Satzes und muss schon die ersten Wörter in der Fremdsprache liefern. Das geht nur, wenn man beide Sprachen souverän beherrscht und die zugrunde liegenden Kulturen gut kennt. Unbestritten ist das Übersetzen eine Kunst für sich.

Abb. 9.1 Zwei Möglichkeiten, etwas in einem Land zu bestellen, dessen Sprache wir nicht beherrschen. (© PHBern: Magdalena Siegenthaler, Eckart Zitzler)

Des Computers Muttersprache

Auch beim Programmieren geht es letztlich um Verständigung. Wenn wir irgendeinen Verarbeitungsablauf automatisiert haben wollen, dann müssen wir dem Computer klarmachen können, was genau wir meinen. Dafür gibt es verschiedene Programmiersprachen, wie wir bereits in Kap. 3 gesehen haben. Allerdings muss man diese dem Computer erst beibringen, denn in seinem Innersten versteht er nur eine Sprache: die Maschinensprache. Dabei handelt es sich quasi um die Muttersprache, die der Maschine fabrikseitig mitgegeben wird. Sie besteht aus den elementaren Rechenoperationen – wir könnten auch von Kommandos oder Befehlen sprechen –, die die Computerhardware zur Verfügung stellt. Und diese Muttersprache kann von Computer zu Computer bzw. von Prozessor zur Prozessor variieren. Der Prozessor repräsentiert ja die Verarbeitungszentrale und führt die Programme aus – und verschiedene Hersteller versehen ihre Prozessoren häufig mit anderen Befehlen. Die Unterschiede liegen allerdings im Detail, im Großen und Ganzen sind sich die Maschinensprachen sehr ähnlich.

Die Befehle, mit denen ein Prozessor etwas anfangen kann, sind äußerst rudimentär. Sie verkörpern sehr grundlegende Verarbeitungsschritte wie z. B. eine Zahl aus dem Hauptspeicher lesen, zwei Zahlen addieren und ein Ergebnis im Hauptspeicher ablegen. Einen Befehl zur Anzeige einer Meldung auf dem Bildschirm sucht man da vergeblich; dafür bedarf es vielmehr einer langen Befehlsfolge, denn jedes Detail – z. B. der Datentransfer über den Bus und das Aussehen der Buchstaben – muss ausbuchstabiert werden. Es kommt hinzu, dass die Befehle nicht in natürlichsprachlicher Form, sondern – wen wundert's – mittels Nullen und Einsen codiert werden. Wir können also nicht einfach schreiben: „Lies die erste Zahl aus dem Hauptspeicher ein", sondern müssen stattdessen über ein 0–1-Muster formulieren, welchen Verarbeitungsschritt wir erwarten. Ein Maschinenprogramm ist also eine Sequenz von 0–1-Mustern, jedes steht für einen Befehl, vergleichbar mit der Art und Weise, wie in einer Spieluhr eine Melodie auf einer Walze codiert ist. Es gab tatsächlich Zeiten, da hat man so programmiert, also mühsam die Programmschritte in einem binären Code aufgeschrieben, die 0–1-Muster auf Lochkarten übertragen und diese in die Rechenmaschine eingespeist (Abb. 9.2). Lochkarten gibt es zwar schon längst nicht mehr, aber Prozessoren nehmen auch heute noch ihre Anweisungen in Form von Nullen und Einsen entgegen.

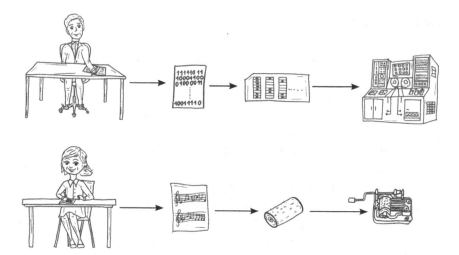

Abb. 9.2 Früher wurde direkt in Maschinensprache programmiert (oben), vergleichbar zu der Art und Weise, wie Walzen für Spieluhren konstruiert werden (unten). (© PHBern: Magdalena Siegenthaler, Eckart Zitzler)

Die Erfindung der Programmiersprachen

Natürlich programmiert niemand in Maschinensprache: Sich die Befehlscodes aus Nullen und Einsen merken und dann noch mit so eingeschränkten Kommandos hantieren zu müssen, wäre zum Haareraufen. Deswegen machte man sich schon von Beginn an Gedanken, wie Verarbeitungsabläufe so formuliert werden können, dass sie für die Programmierer verständlich und lesbar und gleichzeitig noch von einem Computer ausführbar sind. Man erfand künstliche Sprachen, die Wörter aus der natürlichen Sprache mit Symbolen aus der mathematischen Formelsprache kombinieren und so Programme in Textform ermöglichen. Die Befehle in solchen Programmiersprachen sind viel umfassender als die Kommandos auf Maschinensprachenebene; sie verkörpern selbst kleine Maschinenprogramme. Man spricht auch von höheren Programmiersprachen, weil sich das Niveau von Abstraktion und Komplexität deutlich von dem der Maschinensprachen abhebt. Später kamen noch grafische Programmiersprachen hinzu, bei denen Programme aus visuellen Symbolen zusammengesetzt werden. Ja, und heute können wir Computer sogar natürlichsprachliche Anweisungen geben, auch wenn man dabei (derzeit noch) nur eingeschränkt von Programmieren sprechen kann.

Nun gibt es aber nicht die eine Programmiersprache, die alle Wünsche er-
füllt. Programmiersprachen sind immer ein Kompromiss zwischen Präzision,
Geschwindigkeit, Mächtigkeit, Verständlichkeit und vielen weiteren Kriterien. Und weil es so viele verschiedene Anwendungsszenarien gibt, in denen
andere Bedürfnisse seitens der Programmierer im Vordergrund stehen, existieren auch so viele Programmiersprachen. Gab es zu Beginn der Compu-
terära nur eine Handvoll Programmiersprachen, so waren es um die Jahr-
tausendwende bereits weit über hundert (Abb. 9.3). Beispielsweise wurde
C – einen kürzeren Namen kann man sich wohl nicht ausdenken – zum
Programmieren von Betriebssystemen konzipiert, JavaScript mit dem Ziel,
Webseiten interaktiv und dynamisch zu gestalten, und Python sowie Scratch
für Ausbildungszwecke. Einige Sprachen wie Swift wurden von einzelnen
Firmen entwickelt, um die Softwareentwicklung für die eigenen Produkte zu
optimieren. Mit der Zeit haben sich sogar verschiedene Philosophien, *Para-
digmen* genannt, herausgebildet, wie Programme ausgestaltet werden sollten,
was sich in den Programmiersprachen widerspiegelt. Entsprechend wurde
der Begriff des Programms erweitert: Ein Programm ist nicht notwendigerweise einfach nur eine Folge von Befehlen, sondern kann viele parallele
Abläufe, Beziehungen zwischen Daten und Verarbeitungsschritten, logische

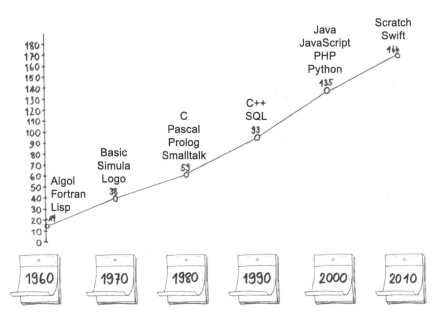

Abb. 9.3 Die Entwicklung der Programmiersprachen. (© PHBern: Magdalena Siegenthaler, Eckart Zitzler)

Verknüpfungen von Daten usw. beschreiben. Das Programmierhandwerk und die Programmierkunst entwickeln sich also ständig weiter.

Programme werden durch Programme übersetzt

Allerdings steht da noch eine Frage im Raum: Wie können wir einem Computer all die verschiedenen Programmiersprachen beibringen bzw. wie kann ein in einer höheren Programmiersprache formulierter Ablauf auf einem Computer zur Ausführung gebracht werden? Nun, die Antwort ist einfach: Ein Programm vermittelt zwischen den Sprachwelten. Dieses Vermittlungsprogramm ist wie ein eingebauter Dolmetscher im Ohr. Es nimmt den in einer höheren Programmiersprache beschriebenen Ablauf entgegen, analysiert und übersetzt ihn in eine korrespondierende Befehlsfolge in der jeweiligen Maschinensprache (Abb. 9.4). Das resultierende Maschinenprogramm kann der Prozessor verstehen und ausführen. Hier ist es also die Software, die den Sprachumfang der Hardware erweitert und unseren Computer eloquenter macht. Und klar: Für jede weitere Programmiersprache braucht es

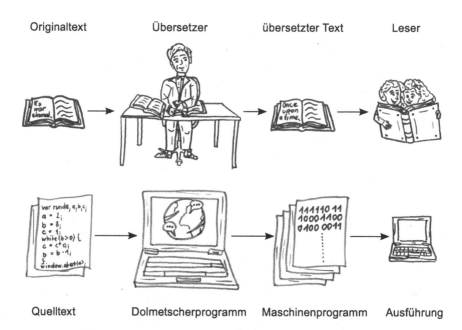

Abb. 9.4 Ein Dolmetscherprogramm lässt einen Computer weitere Programmiersprachen verstehen. (© PHBern: Magdalena Siegenthaler, Eckart Zitzler)

auch ein entsprechendes Dolmetscherprogramm. Es ist ein auf den jeweiligen Computer zugeschnittenes, zumeist in Maschinensprache formuliertes Programm, das die Ausführung von Programmen einer höheren Programmiersprache erst ermöglicht.

Neben der Verständlichkeit und Ausdruckskraft ist ein weiterer, sehr wichtiger Vorteil von höheren Programmiersprachen, dass sie nicht auf einen bestimmten Prozessor oder Computertyp beschränkt sind. Sie wurden extra so konzipiert, dass die in ihnen formulierten Programme mittels passender Dolmetscherprogramme auf nahezu jedem Computer ausgeführt werden können. Bei JavaScript ist es beispielsweise der Webbrowser, der das Dolmetschen übernimmt – und egal, ob wir gerade auf dem Smartphone, dem Tablet-Computer oder dem Laptop surfen, das JavaScript-Programm wird verstanden. Maschinenprogramme hingegen sind auf den jeweiligen Prozessor oder eine Prozessorfamilie zugeschnitten und nicht auf andere Computer übertragbar. Zwar können auch hier Dolmetscherprogramme eingesetzt werden, aber das wird selten praktiziert – zu groß sind die Geschwindigkeitseinbußen. Dann doch lieber gleich eine allgemeiner einsetzbare Programmiersprache verwenden.

Cool-down

Die einzige Programmiersprache, die ein Computer in jedem Fall beherrscht und ihm fix durch seine Hardware mitgegeben wird, ist die Maschinensprache. Sie ist spezifisch für den Prozessor, der in ihm verbaut ist. Maschinensprachen – der Name sagt es schon – sind allerdings nichts für den Menschen: unleserlich, kleinschrittig und mit extrem eingeschränkter Ausdruckskraft. Aus diesem Grund hat man höhere Programmiersprachen entwickelt. Sie ermöglichen Programmiererinnen und Programmierern überhaupt erst, automatisierte Abläufe in verständlicher Form zu formulieren. Es braucht allerdings Übersetzerprogramme, die zwischen höheren Programmiersprachen und der Maschinensprache vermitteln. Das ist aber nicht die einzige Hürde beim Programmieren: Bevor wir ein Programm schreiben, müssen wir auch eine Idee haben, wie der Ablauf aussehen soll. Die Rede ist hier von Algorithmen, die wir uns im folgenden Kapitel anschauen werden.

10

Gewusst wie – Algorithmen

Warm-up

Überall, wo Computertechnologie zum Einsatz kommt, sind auch Algorithmen nicht weit. Sie sind die Ideen hinter den automatisierten Abläufen, der Hirnschmalz hinter den Programmen. Um sie wird viel Wirbel gemacht – nicht zu Unrecht. Denn wie gut bzw. ob überhaupt ein Computer zur Lösung eines Problems eingesetzt werden kann, hängt zum großen Teil vom Algorithmus ab. Häufig ist es trivial, einen Algorithmus zu finden, viele Informationsverarbeitungsvorgänge sind Routine. Doch hin und wieder kann es schwierig sein, einen geeigneten Algorithmus zu finden, und es gibt sogar Situationen, in denen die Suche von vornherein hoffnungslos ist. Was also hat es mit den ominösen Algorithmen auf sich und warum spielen sie in der Informatik eine so gewichtige Rolle?

Von der Idee zum Rezept

Rösti werden klassischerweise aus Gschwellti – den Pellkartoffeln – gemacht: Diese zerreibt man zunächst mittels einer speziellen Raffel in längliche, kleine Stücke, die resultierende Masse wird anschließend gesalzen und unter Zugabe von Butter in einer Pfanne wie ein Pfannkuchen goldgelb gebraten. Im Internet finden Sie unterschiedlichste Beschreibungen hierfür, doch egal ob auf Deutsch, Englisch oder Französisch: Der Herstellungsvorgang ist immer der gleiche, es geht um dasselbe Rezept. Und je nachdem, für wen die Beschreibung gedacht ist – Greenhorn, Alltagsstümper, Amateurgourmet oder Kochprofi –, fällt sie unterschiedlich detailliert aus, mal ausführlich, mal auf das Wesentliche beschränkt; im Kern geht es aber immer

© Springer-Verlag GmbH Deutschland, ein Teil von Springer Nature 2025
E. Zitzler, *Basiswissen Informatik*, https://doi.org/10.1007/978-3-662-70121-8_10

um den gleichen Ablauf. Natürlich werden die Unterschiede bei einem einfachen Rezept wie Rösti nicht groß sein, bei aufwändigen, mehrgängigen Festessen hingegen schon. Darüber hinaus kann auch das Rezept selbst variiert werden. Beispielsweise bevorzugen einige die Herstellung aus rohen, mehlig kochenden Kartoffeln, die genauso wie ihre vorgekochten Kolleginnen über eine grobe Raspel gerieben werden. Auch da kommen Rösti heraus. Nicht nur verschiedene Beschreibungen desselben Rezepts, sondern auch unterschiedlichen Rezepte können also zum gleichen Ergebnis führen (Abb. 10.1).

Nicht nur beim Kochen gibt es Rezepte, jeder von uns besitzt etwa auch bewährte Lebensrezepte – oder allgemein: Lösungsstrategien –, die wir in unserem Alltag ständig einsetzen. Etwa wenn wir unter Druck sind. Weil wir viel um die Ohren haben, weil uns jemand bedroht oder was auch immer. Einige verlieren keine Zeit und gehen direkt zur Aktion oder zum Angriff über, andere wiederum analysieren die Situation und wählen bedächtig ihre Handlungen; und hin und wieder kann es auch schlau sein, sich mucksmäuschenstill zu verhalten. Jede dieser Strategien kann je nach konkreter Situation sinnvoll sein. Wir alle haben solche Lösungsstrategien, die wir bewusst oder unbewusst in unterschiedlichsten Situationen einsetzen. Ja, wir kennen das: Unsere Verhaltensmuster begegnen uns letztlich überall immer wieder. Ob wir nun vor einem Löwenrudel stehen oder „nur" vor einem Bewerbungskomitee. Und auch hier gilt: Das Muster, das Rezept hinter dem Verhalten ist identisch, auch wenn sich die konkreten Handlungen natürlich von Situation zu Situation unterscheiden.

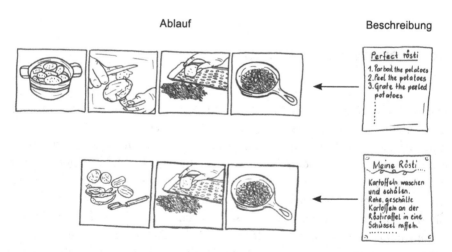

Abb. 10.1 Zwei Rezepte zur Herstellung von Rösti und jeweils zwei Varianten zur Beschreibung des Rezepts. (© PHBern: Magdalena Siegenthaler, Eckart Zitzler)

Überall Algorithmen

Die Lösungsstrategien, die beim Computer zum Einsatz kommen, heißen Algorithmen. Es sind Algorithmen, die festlegen, welche Produkte uns beim Surfen im Internet als Werbung präsentiert werden. Es sind Algorithmen, die uns ermöglichen, im Internet auf der Basis eines vorgelegten Fotos nach ähnlichen Bildern zu suchen. Es sind Algorithmen, die selbstfahrenden Autos ihr Verhalten geben, um sich regelkonform im Straßenverkehr zu bewegen. Ja, Algorithmen helfen, auffällige Geldtransaktionen zu erkennen und so Kreditkartenbetrügern auf die Schliche zu kommen. Und bei komplexen Logistikproblemen, z. B. dem effizienten Be- und Entladen von riesigen Containerschiffen, kommen selbstverständlich Algorithmen zum Einsatz, ebenso werden komplizierte Ablaufpläne mit ihrer Hilfe erstellt. Algorithmen sind also überall. Doch sie müssen gar nicht so kompliziert sein. Viele uns aus dem Alltag bekannte Lösungsstrategien – z. B. das systematische Herumprobieren, wenn wir vor einem rätselhaften Automaten mit vielen Knöpfen stehen, oder das Aufteilen in kleinere Stapel beim Kartenmischen – sind algorithmische Grundkonzepte, die in zahllosen Anwendungen zum Einsatz kommen.

Schön und gut. Aber was ist nun ein Algorithmus? Salopp gesagt, ist der Algorithmus bei der Informationsverarbeitung das, was beim Kochen das Rezept ist: eine Handlungsvorschrift, wie man vorgehen soll. Dabei geht es um das prinzipielle Wie, also wie etwas berechnet oder allgemein ein Problem gelöst wird. Im Gegensatz zu einem Rezept, das häufig viele Freiheiten im Ablauf zulässt, sind Algorithmen immer eindeutig, bei ihnen ist immer klar, was wann gemacht wird. Und genauso wie Rezepte können Algorithmen auf ganz unterschiedliche Arten beschrieben werden: mittels einer grafischen Darstellung, in Prosa oder eben als Programm – ganz unabhängig davon, ob die Berechnung von uns selbst oder einem Computer durchgeführt werden soll. Ein Programm ist in diesem Zusammenhang nichts anderes als eine Beschreibung eines Algorithmus, die auf einem Computer ausführbar ist. Nehmen wir z. B. die Aufgabe, einen Satz Spielkarten zu sortieren. Ein Algorithmus besteht darin, immer eine Karte vom Stapel zu nehmen und diese in die sortierte Reihe an die richtige Stelle einzufügen (Abb. 10.2). Dabei spielt es keine Rolle, ob wir das Schema von Hand ausführen oder mittels eines Sortierprogramms automatisiert ablaufen lassen. Der Algorithmus definiert den abstrakten Verarbeitungsvorgang, wie aus der Eingabe die gewünschte Ausgabe berechnet werden kann.

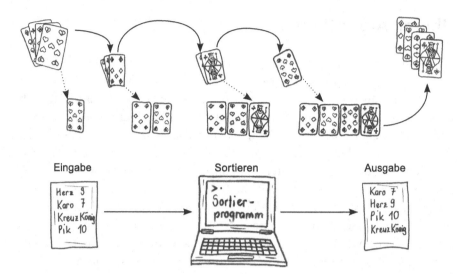

Abb. 10.2 Beispiel eines Sortieralgorithmus, der die Karten nacheinander in die bereits sortierte Kartenfolge einfügt. (© PHBern: Magdalena Siegenthaler, Eckart Zitzler)

Übrigens hat der Begriff Algorithmus nichts mit Logarithmus oder Rhythmus zu tun, sondern leitet sich vom Namen eines berühmten arabischen Gelehrten ab, der während der ersten Hälfte des 10. Jahrhunderts in Bagdad wirkte und als einer der bedeutendsten Mathematiker gilt. Dieser hatte den Beinamen al-Chwarizmi, was so viel heißt wie „der Choresmier" und auf seine Herkunft aus dem gleichnamigen iranischen Volk hinweist. Der Weg vom Namen al-Chwarizmi führte über die lateinische Übersetzung *algorismi* zum heutigen Wort Algorithmus.

Heureka!

Schauen wir uns einmal einen konkreten Algorithmus an, den wir schon aus der Schule kennen, wenngleich vermutlich anders verpackt. Das Berechnungsproblem, um das es geht, lautet: Zwei unterschiedlich lange, kastenförmige Kuchen sollen beide in gleich große Kuchenstücke unterteilt werden, sodass möglichst große Portionen entstehen und keine Reste übrig bleiben. Eine Möglichkeit, die gesuchte Stückgröße zu ermitteln, ist in Abb. 10.3 links gezeigt. Wir legen die zwei Kuchen untereinander und schneiden den größeren in zwei Teile. Die Länge des einen Teils entspricht der Länge des kleineren Kuchens, und genau diesen Teil legen wir anschließend zur Seite

geschicktes Vorgehen   naheliegendes Vorgehen

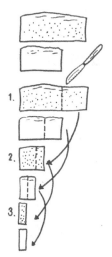
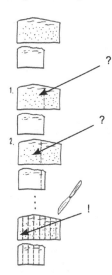

Abb. 10.3 Zwei Algorithmen, um den größten gemeinsamen Teiler zweier Zahlen zu ermitteln, hier als Kuchenproblem illustriert. (© PHBern: Magdalena Siegenthaler, Eckart Zitzler)

(wir unterteilen ihn am Ende in Kuchenstücke). Beim verbleibenden Teil und dem kleineren Kuchen verfahren wir genauso weiter, der größere von beiden wird wie oben zerschnitten. Das Ganze wiederholen wir, bis die verbleibenden zwei Reste gleich groß sind; ihre Größe entspricht dann der gesuchten Kuchenstückgröße. Die zur Seite gelegten Teile zerschneiden wir dann zum Schluss wie gewünscht.

Bei diesem Verfahren handelt es sich um einen Algorithmus, und zwar zur Berechnung des größten gemeinsamen Teilers zweier Zahlen. Ob Euklid, dem dieser Algorithmus zugeschrieben wird, damals wie Archimedes „Heureka!" rief, ist nicht überliefert, aber klar erscheint: So einfach ist es nicht, spontan darauf zu kommen. Naheliegender ist vermutlich ein anderer Algorithmus, der in Abb. 10.3 auf der rechten Seite illustriert ist. Ausgehend von der Länge des kleineren Kuchens probieren wir systematisch immer kleinere Kuchenstückgrößen aus, bis wir eine gefunden haben, die bei beiden Kuchen keine Reste hinterlässt. Schon aus der Abbildung ist unmittelbar ersichtlich, dass die zweite Lösungsvariante wesentlich mehr Berechnungsschritte benötigt, um zum Ziel zu kommen. Sie geht letztlich auf die Idee zurück, alle Möglichkeiten auszuprobieren, und tatsächlich lässt sich dieses Prinzip fast immer anwenden. Einziger Nachteil: Auf Durchprobieren beruhende Algorithmen können selbst auf modernsten Computern in bestimmten Fällen Jahre oder noch länger brauchen, um ein Ergebnis zu ermitteln.

Algorithmen finden – Handwerk und Kunst zugleich

Das Kuchenbeispiel hat gezeigt, dass es für die gleiche Anwendung verschiedene Algorithmen geben kann. Das Ergebnis kann auf sehr geschickte, aber auch auf ungeschickte Art und Weise berechnet werden – und das hat enormen Einfluss auf alles. Der falsche Algorithmus kann die Lösung eines Problems verhindern, im schlimmsten Fall bedeutet „ein schlechter Algorithmus" dasselbe wie „kein Algorithmus". Aus diesem Grund ist man an möglichst guten, d. h. in der Regel schnellen Algorithmen interessiert – und diese zu finden, kann eine Kunst sein. Informatikerinnen und Informatiker tüfteln mitunter Jahre an derselben Fragestellung, um die existierenden Algorithmen um ein weiteres Quäntchen zu verbessern. Der Vorteil dieser gemeinsamen Anstrengung: Für viele Berechnungsaufgaben existieren bewährte Standardalgorithmen, die sich quasi von der Stange einsetzen lassen.

Doch Algorithmen sind auch Grenzen gesetzt. Viele Fragestellungen, die im Alltag hochrelevant sind, erweisen sich als sehr hartnäckig und widersetzen sich einer sauberen Lösung. Man braucht schon viel Erfahrung und eine gehörige Portion Erfinderreichtum, um für komplexe Aufgabenstellungen Algorithmen zu entwickeln. Das Beladen und Löschen eines Containerschiffs, bei dem Tausende von Containern platziert werden müssen, ist solch ein Beispiel (Abb. 10.4 links). Die Ladezeiten sollen minimal sein, gleichzeitig müssen die Gewichte gut verteilt sein, gewisse Containern müssen in der Nähe einer Stromversorgung positioniert werden usw. Ähnlich schwierig ist die Unterrichtsstundenplanung in einer großen Schule, wenn die Wünsche der Lehrpersonen, die Bedürfnisse der Schülerinnen und Schüler, die gesetzlichen Vorgaben, die räumlichen Möglichkeiten und vieles mehr berücksichtigt werden sollen (Abb. 10.4 rechts). Und schließlich gibt es auch Aufgabenstellungen, für dich man sich gar nicht erst auf die Suche nach guten Algorithmen machen muss. Es lässt sich zeigen, dass es keinen Algorithmus geben kann, der ein Programm einliest und entscheidet, ob dieses korrekt, d. h. wie gewünscht funktionieren wird. Schade!

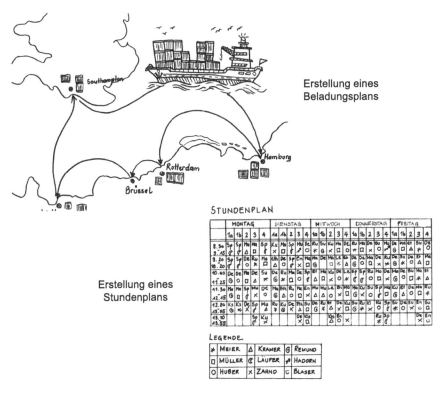

Erstellung eines
Beladungsplans

Erstellung eines
Stundenplans

Abb. 10.4 Zwei komplexe Szenarien, in denen die algorithmischen Möglichkeiten bis auf das Letzte ausgereizt werden müssen. (© PHBern: Magdalena Siegenthaler, Eckart Zitzler)

Cool-down

Ein Algorithmus ist eine eindeutige Handlungsvorschrift, die angibt, wie Informationen verarbeitet werden sollen. Er unterscheidet sich von einem Programm darin, dass er nicht an eine spezifische Programmiersprache oder einen spezifischen Computer gebunden ist. Ein Programm ist einfach eine mögliche Umsetzung eines Algorithmus, die auf einem Computer ausführbar ist, ein Algorithmus stellt die abstrakte Idee hinter dem Berechnungsablauf dar. Für die gleiche Aufgabenstellung gibt es in der Regel verschiedene Algorithmen, und die Kunst besteht darin, eine guten zu finden – manchmal lässt sich sogar keiner finden. Und gute Algorithmen zeichnen sich häufig dadurch aus, dass sie die zu verarbeitenden Daten geschickt anordnen und strukturieren. Und darum geht es im folgenden Kapitel: um Datenstrukturen.

11

Vom Sinn der Ordnung

Warm-up

Etwas wiederfinden kann ganz schön schwierig sein, insbesondere wenn es sich in einem Gewirr vieler anderer Dinge verbirgt. Das kennen wir ja bestens aus dem Alltag und eigentlich wissen wir auch: Ordnung hilft. Wenn Dinge ihren Platz haben, finden wir sie – meistens – schneller wieder. Aber Ordnung hat ihren Preis, denn sie erfordert Disziplin und Anstrengung, benutzte Dinge müssen wieder aufgeräumt werden. Beim Computer stellen sich ähnliche Fragen, wenn große Datenmengen verarbeitet werden sollen. Dann braucht es gute Ordnungsprinzipien, um im Datenmeer die gewünschten Informationen zu finden. Die Informatik spricht von Datenstrukturen: ohne diese wäre es unmöglich, in Sekundenbruchteilen im Internet nach Schlagworten zu suchen – Algorithmen hin oder her. Wie legt man also geschickt Daten ab und findet sie schnell wieder?

Von Ordnungsmuffeln und -liebhabern

Zu welcher Kategorie gehören Sie? Ist Ihnen Ordnung wichtig oder lieben Sie das Chaos? Oder sehen Sie sich irgendwo dazwischen? Hin und wieder mögen Sie etwas Chaos oder etwas Ordnung? Wenn wir mal den ästhetischen Gesichtspunkt außen vor lassen, dann geht es eigentlich um die Frage, wann Sie sich anstrengen wollen. Dann, wenn Sie etwas versorgen und unterbringen, oder dann, wenn Sie etwas wieder benötigen und suchen? Nehmen wir doch einmal das Beispiel einer Küche. Wenn Sie zur ersten Kategorie gehören, dann haben Sie vermutlich Besteck, Geschirr, Pfannen und Töpfe, aber auch Gewürze und Kochbücher an bestimmten Stellen abgelegt

© Springer-Verlag GmbH Deutschland, ein Teil von Springer Nature 2025
E. Zitzler, *Basiswissen Informatik,* https://doi.org/10.1007/978-3-662-70121-8_11

(Abb. 11.1 oben). Vielleicht sind die Gewürze noch beschriftet und nach Kategorien gruppiert. Das erlaubt Ihnen, beim Kochen schnell zu finden, was Sie gerade brauchen. Aber nach einem ausgiebigen Kochfest werden Sie auch eine Menge Zeit benötigen, um all die benötigten Utensilien wieder am richtigen Ort zu versorgen. Lieben Sie eher das kreative Chaos, dann könnte Ihre Küche eher so aussehen, wie in Abb. 11.1 unten zu sehen ist. Beim Kochen werden Sie immer mal nach den richtigen Sachen suchen, dafür ist das Aufräumen nachher schnell erledigt, da Sie die Dinge ja einfach irgendwo hinlegen und dazu nicht viel nachdenken müssen.

Egal ob wir nun Küche, Kleiderschrank, Keller oder Werkstatt anschauen, immer gibt es für verschiedene Gebrauchsgegenstände dort Gefäße, Behälter oder Orte, wo wir diese ablegen können. Die Frage ist, ob wir uns ein System der Ablage überlegen, sodass jeder Gegenstand seinen Platz hat, oder ob wir das dem Zufall des Augenblicks überlassen wollen. Und natürlich gibt es

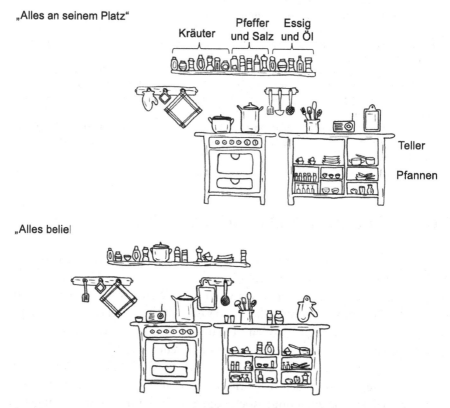

Abb. 11.1 Da scheiden sich die Geister: Wie viel Ordnung braucht es in einer Küche – strikt (oben) oder leger (unten)? (© PHBern: Magdalena Siegenthaler, Eckart Zitzler)

zwischen diesen Extremen ganz viele Nuancen. In jeder Küche hat es schon zwangsläufig eine Grundordnung: Leicht verderbliche Esswaren kommen in den Kühlschrank, lichtempfindliche Lebensmittel in den Schrank, Messer in den Messerblock, das Besteck in die Schublade, Gewürze in das Regal usw. Vielleicht haben zudem noch Butter und Eier ihren festen Platz im Kühlschrank, und die Curry- und Kräutermischungen sind im Gewürzregal beieinander? Klar ist: Wer schlau organisiert, kann Zeit bei den Arbeitsabläufen sparen. Doch natürlich kann man es mit der Ordnung auch übertreiben. Eine Systematik hilft beim Suchen und verkürzt die Zeit dafür. Dafür erfordert sie das konsequente Einhalten der Ordnung und kostet Zeit beim Einordnen. Bei weniger strikten Systematiken erledigt sich das Einräumen schneller, aber das Suchen kann aufwändig sein. Das eine ist nicht per se besser als das andere, und was sinnvoll ist, hängt von der konkreten Situation ab. Es geht also um ein Abwägen zwischen Einräumen und Suchen, wie viel Zeit wir insgesamt dafür über auf längere Sicht benötigen.

Nachschlagen im Datenmeer

Beim Computer ist das ähnlich wie in der Küche, auch hier geht es um das Abwägen zwischen Einräumen und Auffinden. Als Ablage dienen in diesem Fall Computerspeicher – Hauptspeicher, Festplatte usw. –, die wie eine Gepäckschließfachanlage in einem Bahnhof organisiert sind: Sie bestehen zumeist aus gleich großen Fächern, die über eine eindeutige Nummer oder einen anderen Code identifizierbar und zugreifbar sind. In diesen Fächern werden Daten jedweder Art, allgemein Folgen aus Nullen und Einsen, abgelegt. Nehmen wir z. B. Ihre digitalen Urlaubsfotos, jedes einzelne mit Ort, Datum und weiteren Informationen versehen, die sich über die Jahre zu einer beachtlichen Sammlung aufgetürmt haben. Um in diesem Datenwust die Aufnahmen ausfindig zu machen, die Sie damals in Barcelona oder sonst wo gemacht haben, braucht es eine Ordnung – selbst bei einem Computer. Natürlich kann er problemlos Tausende von Datensätzen durchwühlen, aber letztlich geht es auch hier um Zeit: Wir möchten die Suchergebnisse unmittelbar erhalten und nicht Sekunden oder gar Minuten später. Die Frage ist also, nach welcher Systematik die Fotos in den Fächern platziert werden. Der Einfachheit halber nehmen wir an, dass jedes Fach genau ein Foto aufnehmen kann; im realen Computer sind es hingegen viele Fächer, die zur Speicherung eines Fotos benötigt werden.

Die einfachste Variante, der „Faulheit zuerst"-Strategie folgend, wäre, die Fotos einfach beliebig auf die Fächer zu verteilen bzw. ein neues Foto im nächsten freien Fach zu platzieren. Stellen wir eine Suchanfrage nach einem in Nantes aufgenommenen Foto, so muss der Computer konsequenterweise alle Fächer nacheinander durchgehen, bis er fündig geworden ist. Im schlimmsten Fall heißt das, *jedes* Fach muss angeschaut werden. Wenn die Fotos hingegen nach den Orten der Aufnahmen sortiert und in dieser Reihenfolge in aufeinanderfolgenden Fächern platziert sind, geht das Ganze viel schneller (Abb. 11.2 oben). Dann können wir so vorgehen, wie man früher in alphabetisch sortierten Verzeichnissen wie Lexika, Telefonbüchern oder Rezeptsammlungen suchte: Wir fangen in der Mitte der Fächer an, schauen hinein und wenn der Aufnahmeort des dort abgelegten Fotos alphabetisch nach Nantes kommt, gehen wir nach dem gleichen Schema links weiter, ansonsten rechts. In dem in Abb. 11.2 skizzierten Beispiel mit insgesamt sieben Fotos müssen wir, egal welchen Ort wir suchen, nur drei Fächer öffnen

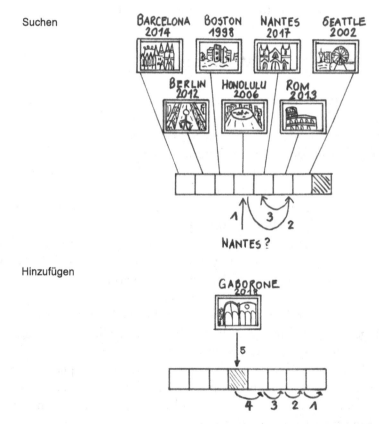

Abb. 11.2 Sind Daten sortiert im Speicher abgelegt, geht die Suche schnell vonstatten, das Hinzufügen von Daten kostet hingegen Zeit. (© PHBern: Magdalena Siegenthaler, Eckart Zitzler)

bzw. Fotos anschauen. Durch die Sortierung der Fotos wissen wir, dass die Lage Informationen über den Aufnahmeort eines Fotos preisgibt. Allerdings ist das Hinzufügen etwas aufwändig: Fügen wir ein neues Foto hinzu, z. B. von Gaborone, dann muss zunächst Platz geschaffen werden, indem Fotos nacheinander ein Fach weiter rechts platziert werden (Abb. 11.2 unten). Das ist zeitintensiv und halt der Preis der Ordnung. Das lohnt sich nur, wenn wir auch häufig nach dem Aufnahmeort suchen – erst dann zahlt sich die Ordnung aus.

Ordnung im Computerspeicher

In der Informatik hat man sich daher ausgeklügelte Ordnungssysteme ausgedacht, die Datenstrukturen genannt werden und mehr oder minder intuitive Namen besitzen: Stapel, Listen, Felder, Bäume, Graphen usw. Sie spielen bei Datenbanken eine wichtige Rolle – das sind spezielle Informatiksysteme, um große Datenmengen konsistent zu speichern und zugreifbar zu machen. Jede Datenstruktur hat ihre Vor- und Nachteile, doch die Idee dahinter ist immer die gleiche, nämlich die Daten möglichst sortiert zu halten, um die bewährte Methode des Suchens in alphabetischen Verzeichnissen anwenden zu können. Um einen Eindruck davon zu bekommen, was mit einem guten Ablagesystem möglich ist, werfen Sie ein Blick auf Abb. 11.3. Hier gibt es mehrere Reihen von sortierten Fotos, die mit den Buchstaben des Alphabets angeschrieben sind. In welcher Reihe ein Foto eingeordnet wird, entscheidet der Anfangsbuchstabe des Orts. Der Vorteil dieser Aufteilung: Einfügen und Suchen sind schneller durchgeführt, weil pro Reihe weniger Fotos enthalten sind und angeschaut werden müssen. Zu Beginn muss nur die richtige Reihe über den Anfangsbuchstaben des Orts ermittelt werden. Neu ist die Methode natürlich nicht: Genau so hat man früher den auf Karteikarten angelegten Büchereikatalog in Karteikästen angeordnet, spezielle Registerkarten gruppierten nach den Anfangsbuchstaben und machten so Suchen und Einfügen wesentlich schneller.

Das Ganze lässt sich noch weiter beschleunigen, wenn wir mit Platzhaltern arbeiten (Abb. 11.4), also wie bei Karteikarten auf die Quelle verweisen, anstatt das Buch im Karteikasten direkt abzulegen. Das heißt, die Fotos liegen separat in beliebiger Anordnung in einer Reihe und bleiben an ihrem Platz, auch wenn neue Fotos hinzukommen. In dem alphabetischen Verzeichnis speichern wir nun nur noch die jeweiligen Nummern der Fächer, also die Platzhalter. Beim Einfügen eines Fotos müssen dann einzig die Platzhalter im Verzeichnis verschoben werden, nicht mehr die Fotos selbst,

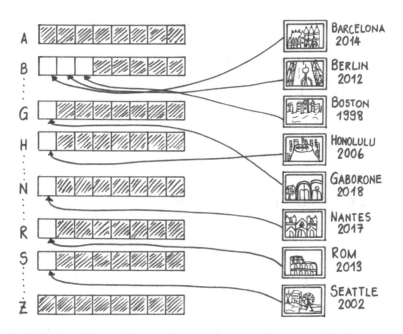

Abb. 11.3 Ein mögliches Ordnungssystem für die Fotosammlung, nach Orten einge-ordnet. (© PHBern: Magdalena Siegenthaler, Eckart Zitzler)

wodurch wesentlich weniger Daten umzuplatzieren sind und wieder Zeit gespart wird. In diesem Konstrukt haben wir die eigentlichen Datenablage, die Fotos, und zudem noch das Verzeichnis mit Ordnungsinformationen, das die Suche beschleunigt. Letzteres nennt man auch Index, quasi das In-haltsverzeichnis der Daten. Diese Trennung ist ganz entscheidend, wenn wir noch nach weiteren Kriterien wie dem Aufnahmedatum, dem Kameratyp usw. suchen wollen. Denn für jedes Kriterium muss ein separater Index er-stellt werden – nach dem gleichen Schema wie für den Aufnahmeort. Und genau dieses Prinzip kommt auch zur Anwendung, wenn wir in solch riesi-gen Datenmeeren wie dem Internet suchen wollen.

Die Nadel im Heuhaufen

Wenn wir im Internet mittels Eingabe von ein paar Wörtern nach einer Webseite suchen, dann ist das eigentlich die sprichwörtliche Suche nach der Nadel im Heuhaufen. Selbst der schnellste Computer wäre nicht im Stande, die Abermillionen von Datensätzen in Echtzeit zu durchkämmen. Stattdes-sen gibt es einen riesigen Index, der über die Zeit aufgebaut und angepasst

Datenablage mit Fotos

Index für Orte

Index für Jahreszahlen

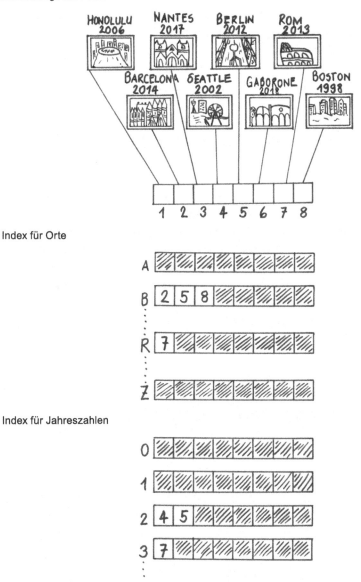

Abb. 11.4 Ein weiteres Ordnungssystem für die Fotosammlung mit einem Index für die Orte und einem Index für die Jahreszahlen (die jeweils am weitesten rechts stehende Ziffer wird betrachtet). (© PHBern: Magdalena Siegenthaler, Eckart Zitzler)

wird. Er enthält für alle Suchbegriffe die entsprechenden Datenstrukturen und speichert nicht die Seiten selbst, sondern ihre Adressen. Dieser Index ist verteilt auf vielen Rechnern, und wenn Sie eine Suchanfrage starten, dann wird einer dieser Rechner angesprochen, der daraufhin blitzschnell – weil Ordnung herrscht – den Index durchsuchen und entsprechende Webseiten liefern kann (siehe Abb. 11.5). Die Aktualisierung des Index erledigen andere Rechner, die permanent das Internet nach Änderungen durchforsten; wenn immer neue Informationen gefunden werden, wird der Index unter großem Aufwand wieder neu geordnet und die Indizes der Suchrechner werden anschließend aktualisiert.

Die Webseiten im Internet bilden zusammen riesige Datenmengen – Big Data. Big Data kann auch entstehen, wenn die Einkäufe von individuellen Personen oder die Wetterdaten verschiedener meteorologischer Stationen gespeichert werden. In jedem Fall braucht es ausgeklügelte Datenstrukturen, soll in solchen Datenmeeren noch etwas Sinnvolles gefunden werden. Big Data bezeichnet aber auch die Möglichkeit, Datenmeere zu kombinieren. Wenn man unser Kaufverhalten, unsere Handybenutzung, unsere Aktio-

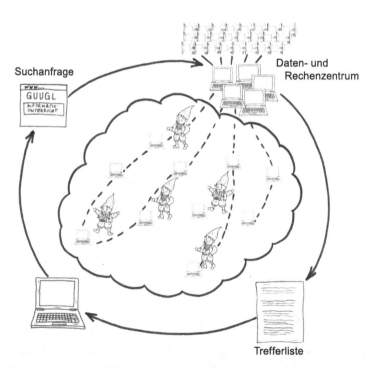

Abb. 11.5 Wie die Internetsuche funktioniert. (© PHBern: Magdalena Siegenthaler, Eckart Zitzler)

nen in sozialen Netzwerken usw. alle miteinander kombiniert, dann liefert das auf einmal Informationen, über die man vorher so nie verfügte. Dann können Personen miteinander verglichen und auf der Basis von ähnlichem Verhalten auch Vorhersagen gemacht werden. Was in gewissen Situationen erwünscht ist, kann jedoch in anderen Situationen, z. B. vor Wahlen, sehr problematisch sein. Datenmeere können also Goldgruben sein, in denen Algorithmen schürfen und gleichzeitig viele Gefahren verborgen sind.

Cool-down

Im vorherigen Kapitel könnte der Eindruck entstanden sein, es seien einzig die Algorithmen, die bei der automatisierten Informationsverarbeitung eine Rolle spielen. Aber Daten spielen eine ebenso wichtig Rolle, insbesondere die Art und Weise, wie sie gespeichert werden. Es geht um das Prinzip der Ordnung: Wenn man Daten schnell wiederfinden will, braucht es eine gewisse Ordnung, und aus diesem Grund haben sich in der Informatik verschiedene Ablagesysteme für Daten etabliert, die Datenstrukturen genannt werden. Es sind ausgeklügelte Datenstrukturen, die es ermöglichen, das Internet in Sekundenbruchteilen nach bestimmten Webseiten zu durchsuchen. Die Internetsuche ist aber auch ein Paradebeispiel für die Arbeitsteilung zwischen vielen Computern – einige bearbeiten Suchanfragen, andere aktualisieren den Index. Diese Idee spiegelt ein zentrales Prinzip im Internet wider, und das schauen wir uns im nächsten Kapitel an.

12

Vom Nebeneinander zum Miteinander

Warm-up

Zusammen geht vieles einfacher. Je mehr Hände anpacken, desto schneller ist der Umzug erledigt, die Küche aufgeräumt und die Weinlese vollzogen. Es ist aber nicht nur so, dass mehrere schneller sein können. Mehrere können auch mehr. Denken wir nur an eine Band, in der unterschiedlich spezialisierte Musikerinnen und Musiker ihr Können für ein gemeinsames Ziel vereinen und auf diese Art etwas kreieren, was ein Einzelner nicht könnte. Die Fähigkeit zu kooperieren ist letztlich die Grundlage unserer Gesellschaft. Und beim Computer ist das ebenso, auch dort bietet das Internet vielfältige Möglichkeiten, Ressourcen zu teilen. Die Rede ist von der ominösen Cloud. Was steckt hinter dieser Wolke und wie kooperieren Computer darin?

Der Vorteil der Vielen

Wenn Bakterien sich in ihrer Umgebung pudelwohl fühlen, dann kommen sie ganz gut alleine zurecht und können sich ein unabhängiges Leben leisten. Wenn jedoch die Nahrung knapp oder die Umgebung garstig wird, dann können sie sich zu Klumpen zusammentun und Zellverbände bilden. In diesen Verbänden können sie sich schützen, z. B. eine Mauer bauen oder einen Schutzfilm bilden und ihr Territorium gegen andere verteidigen. Alle in der Gruppe werden versorgt: einer für alle, alle für einen. Doch Schmarotzer – Individuen, die sich nicht an der gemeinsamen Anstrengung beteiligen – werden kurzerhand verstoßen. Diese Art der Kooperation ist der Vorläufer für den riesigen Zellstaat, der unseren Körper ausmacht und in dem sich verschiedenste Zellen auf verschiedenste Aufgaben wie Wahrnehmen, Verdauen, Verteidigen,

© Springer-Verlag GmbH Deutschland, ein Teil von Springer Nature 2025
E. Zitzler, *Basiswissen Informatik*, https://doi.org/10.1007/978-3-662-70121-8_12

Reinigen usw. spezialisiert haben. Und in menschlichen Gemeinschaften ist das ja genauso: Indem wir uns zusammentun und spezialisieren, bilden wir selbst einen kooperierenden Organismus.

Wie hochgradig spezialisiert und arbeitsteilig unsere heutige Gesellschaft organisiert ist, fällt uns im Alltag gar nicht mehr auf, doch fast alle Leistungen, die wir beziehen, wurden von vielen anderen erbracht. Wir kaufen unsere Lebensmittel im Supermarkt, die von Zulieferern dorthin gebracht wurden, von Nahrungsmittelherstellern produziert wurden, deren Bestandteile aus verschiedensten Ländern stammen, in denen sie z. B. von Bauern gezüchtet wurden (Abb. 12.1). Auch Dienstleistungen sind vielschichtig organisiert, selbst wenn Sie nur Ihr Auto reparieren lassen oder bei Ihrer Bank ein Konto eröffnen. Was sich alles dahinter verbirgt, wie viele und welche Menschen und Maschinen da ihr Werk verrichten, ist für uns in der Regel nicht ersichtlich. Der Aussteiger oder die Selbstversorgerin hat da eine ganz andere Perspektive auf die Wertschöpfungskette. Und doch: Nur durch die Spezialisierung und Arbeitsteilung ist es uns möglich geworden, so komplexe Geräte wie Computer zu erfinden und zu bauen. Unzählige Menschen müssen da ihr Know-how zusammenbringen. Und die Computertechnologie hat

Abb. 12.1 In der modernen Gesellschaft versorgen wir uns selten selbst, sondern viele andere Berufsgruppen sorgen dafür, dass wir unsere Nahrungsmittel kaufen können. (© PHBern: Magdalena Siegenthaler, Eckart Zitzler)

es schließlich ermöglicht, dass wir das Prinzip der Arbeitsteilung immer einfacher und über weitere Distanzen einsetzen können.

Ich habe was, was du nicht hast

Das Internet erlaubt Computern nicht nur miteinander zu kommunizieren, sondern auch sich zusammenzuspannen, indem sie ihre Ressourcen zusammenlegen oder teilen. Letzteres stand zu Beginn im Vordergrund, als die ersten Computernetzwerke entstanden und damals teure Geräte wie z. B. Drucker für die Allgemeinheit zur Verfügung gestellt werden sollten. Das Prinzip war einfach: Der Drucker war an einen Computer im Netzwerk angeschlossen, und dieser Computer nahm schließlich von den anderen Computern Druckaufträge entgegen und leitete sie hintereinander an den Drucker weiter. So entstand das Prinzip, einzelne, gut ausgestattete Computer als Dienstleister einzusetzen, während andere Computer deren Dienste als Kunden in Anspruch nehmen. Statt eines Druckers kann es auch ein großer Massenspeicher sein, den sich alle im Netzwerk beteiligten Computer teilen; so ist eine gemeinsame Datenablage möglich, auf die alle Benutzer zugreifen können. Oder man stellt die Rechenleistung eines hochperformanten Rechners allen anderen zur Verfügung. Die Dienstleister werden Server genannt, und je nach Anwendungszweck spricht man dann von einem Drucker-, Datei- oder Rechenserver.

Heutzutage tritt das Client–Server-Prinzip – die Clients sind die Kunden – überall im Internet in Erscheinung und verschiedenste Anwendungen, die das Internet als Infrastruktur nutzen, basieren darauf. Neben E-Mail ist das World Wide Web, abgekürzt als WWW oder Web, das prominenteste Beispiel einer solchen Internetanwendung. Das Web ist ursprünglich eine über das Internet verteilte Sammlung von Dokumenten, den sogenannten Webseiten. Die Dokumente enthalten Verweise auf andere Dokumente; die Verweise werden nach dem englischen Ausdruck als Links bezeichnet. Das Web ist ein System, das aus Webservern (Computer, auf denen die Dokumente abgelegt sind) und Webbrowsern (Client-Programme, die Dokumente von Webservern anfordern und auf dem eigenen Computer darstellen) besteht. In Abb. 12.2 ist diese Situation beispielhaft visualisiert. Anfangs waren es nur Textdokumente, die angezeigt werden konnten, später dann auch Multimedia-Inhalte und noch später kam die Möglichkeit hinzu, Programme in Webseiten einzubetten, um so z. B. auf Benutzereingaben reagieren zu können.

Bibliothek Buchhandlung Antiquariat

Webserver   Webserver   Webserver

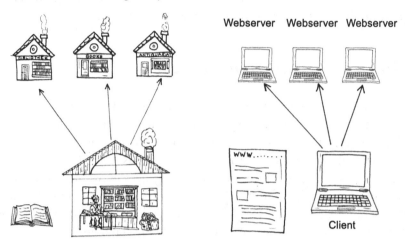

Client

Abb. 12.2 Funktionsweise des Web (rechts) im Vergleich zur früher, als man Querverweisen in Büchern noch wortwörtlich nachgehen musste. (© PHBern: Magdalena Siegenthaler, Eckart Zitzler)

Gemeinsam sind wir stark

Allerdings ist die Spezialisierung, wie sie bei Servern der Fall ist, nicht die einzige Art der Kooperation. Eine weitere Form setzt auf Teamarbeit, wo alle beteiligten Computer ihre Kräfte zusammenlegen und gemeinsam an einer Aufgabe arbeiten. Beispielsweise können viele Computer gemeinsam eine Rechnung durchführen, um einen Code zu knacken, das Wetter vorherzusagen oder die Wirkung eines Medikaments zu prognostizieren. Auf diese Weise wird eine wesentlich höhere Rechenleistung erzielt und es lassen sich Aufgaben bewerkstelligen, die ein einzelner Computer nicht schultern könnte. Dieses Prinzip kommt in Rechenzentren zum Tragen, wo Tausende von Computern zusammenspannen. Das erinnert etwas an das Bild eines Fischschwarms, in dem sich viele einzelne Fische zu einer Gruppe zusammenschließen, um sich vor Feinden zu schützen (Abb. 12.3). Sicherlich ist dieser Vergleich stark vereinfachend, aber er illustriert die Idee sehr schön.

Die ersten Musiktauschbörsen im Internet funktionierten nach diesem Prinzip: Man installierte ein Programm auf seinem Computer, das sich mit seinesgleichen auf anderen Computern vernetzte. Die eigenen Musikstücke wurden den anderen zur Verfügung gestellt und dadurch ergab sich ein riesiger Katalog, verteilt auf den beteiligten Computern. Wollte man auf ein bestimmtes Musikstück aus dem Katalog zugreifen, so wurde es vom

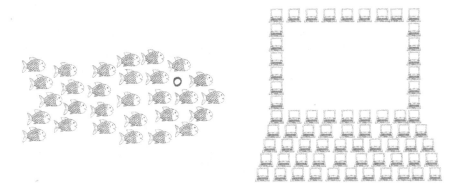

Abb. 12.3 Ein Fischschwarm als Analogie zu einem Rechenzentrum – in Anlehnung an „Swimmy" von Leo Lionni (2021). (© PHBern: Magdalena Siegenthaler, Eckart Zitzler)

jeweiligen Computer heruntergeladen. Heute wird dieses Prinzip bei den virtuellen Geldwährungen wie Bitcoin genutzt. Bitcoin benötigt keine Bank mehr, die Überweisungen tätigt. Geldtransaktionen werden in einer Computergemeinschaft registriert und akzeptiert. Die Historie aller Geldtransaktionen, quasi Verkettungen von Überweisungen, wird fälschungssicher auf vielen Computern gespeichert. Jeder dieser Computer kann die Korrektheit der Transaktionen überprüfen, jedoch die Historie nicht nachträglich ändern. Neue Transaktionen werden in der Gemeinschaft überprüft und akzeptiert, alles dezentral ohne ein Aufsichtsorgan. Es ist vielmehr die Mehrheit, die entscheidet und kontrolliert. Dadurch soll Missbrauch Einzelner verhindert werden. Diese Art der Zusammenarbeit ist also Mannschaftssport und nennt sich im Fachjargon Peer-to-Peer-Prinzip, wobei Peer für seinesgleichen steht.

Auf Wolken gebettet

Häufig werden beide Ansätze – gleichberechtigte und spezialisierte Arbeitsteilung – miteinander verflochten. Anstatt dass ein Server einen Dienst erbringt, kann es nun ein Teilnetzwerk von Computern sein, die zusammen den Dienst realisieren – und evtl. greifen sie selbst wiederum auf andere Dienstleister zurück (Abb. 12.4). Man spricht dabei von *Cloud Computing* und nennt so einen Serververbund eine Cloud. Cloud, weil sich den Nutzern die zur Verfügung gestellte Infrastruktur wie eine Wolke präsentiert: Das Innere ist nicht ersichtlich und doch ist sie von überall sichtbar, d. h.

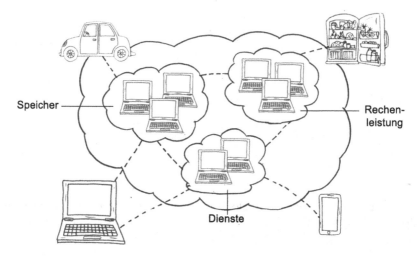

Abb. 12.4 Das Internet als Wolke, in der sich verschiedenste Geräte tummeln. (© PHBern: Magdalena Siegenthaler, Eckart Zitzler)

zugreifbar. Diverse Firmen betreiben ihre eigene Cloud, aber es hat sich auch eingebürgert, das Internet als „die Cloud" zu bezeichnen, wenn man die Gesamtheit der Dienste meint.

Cloud-Dienste können, wie vorher schon angedeutet, Speicherplatz oder Rechenleistungen anbieten, doch mit der Zeit sind sie immer mehr zu eigenen Anwendungen geworden, so als würden wir ein Programm auf unserem eigenen Computer ablaufen lassen. Diese Anwendungen werden vielfach über einen Webbrowser bedient; dass im Hintergrund diverse, über den ganzen Globus verteilte Computer beteiligt sein können, bemerken wir als Nutzer nicht. Immer mächtigere, komplexere und aufwändigere Dienste entstehen dabei, und sie lassen sich sogar miteinander kombinieren, quasi zu einem übergeordneten Programm zusammenschließen. Unser Computer zu Hause ist das Terminal, mit dem wir zu einem Weltcomputer Zugang haben. Das Web, ursprünglich als verteilte Dokumentenablage gedacht, hat sich längst gewandelt zu einer generellen Benutzeroberfläche, mit der wir z. B. beim Online-Banking die Computer unserer Bank ansteuern können.

Das Internet ist also mittlerweile viel mehr als einfach nur ein Verbund von einzelnen, klar erkennbaren Computern. Durch die vielschichtige Arbeitsteilung wurde das Internet über die Zeit zu einem riesigen Ganzen, das die verschiedensten Dienstleistungen verteilt zur Verfügung stellt. Es kommt hinzu, dass nicht nur Computer, sondern beliebige Geräte in das Internet eingebunden werden. Alltagsgeräte, die ursprünglich ohne Computertechnik auskamen, wie z. B. die Beleuchtung zu Hause, der Kühlschrank oder die Waschmaschine, werden zunehmend zu Teilen des Internets und darüber miteinander verbunden. So kann das Auto mit der Heizungsanlage zu Hause kommunizieren, damit es bei Ankunft im Wohnzimmer wohlig warm ist. Man spricht in diesem Zusammenhang vom Internet der Dinge; es erlaubt, große Infrastrukturen zu verknüpfen und zu steuern. Und damit wären wir wieder bei der Gesellschaft angelangt: Arbeitsteilung und Spezialisierung werden also immer mehr auch auf Maschinen übertragen, und das Internet ist das Nervensystem, worüber all dies koordiniert wird.

Cool-down

Das, was in modernen Gesellschaften gang und gäbe ist, nämlich Arbeitsteilung und Spezialisierung, ist auch das Prinzip, das in Computernetzwerken und insbesondere dem Internet zur Anwendung kommt. Spezialisierte Computer, Server genannt, erbringen für andere Computer, die Kunden, Dienstleistungen. Ein bekanntes Beispiels sind Webserver, die für andere Computer Webseiten zur Verfügung stellen, die diese mittels Webbrowsern darstellen können. Die Aufgabenteilung ist mit dem Aufkommen immer höherer Übertragungsraten stetig ausgebaut worden. Im globalen Verbund erbringen Gemeinschaften von Computern eine Masse an Dienstleistungen, die aufeinander aufbauen und eng miteinander verflochten sind. Dadurch hat sich ein eigenständiges, weltumspannendes Informatiksystem gebildet, die Cloud. Darin sind jedoch nicht nur einzelne Computer eingebunden, sondern beliebige Geräte, die verschiedenste Sensoren und Aktoren beinhalten können.

Bildquellen

Lionni, L. (2024). *Swimmy* (18. Aufl.). Weinheim: Beltz & Gelberg.

Teil III

Durchdringen

13

Warum eigentlich 0 und 1?

Warm-up

Computer arbeiten intern mit 0 und 1 und auf der Basis elektrischer Ströme. Doch warum ist das so und was hat das eine mit dem anderen zu tun? Und wie lässt sich, bitte schön, mit Strom rechnen? Diese Fragen beziehen sich auf das Fundament der Hardware, die in heutigen Computer zum Einsatz kommt. Es ist allerdings keineswegs so, dass automatisierte Informationsverarbeitung nur so betrieben werden könnte: Die ersten Maschinen, die selbstständig Operationen auf Zahlen durchführen konnten, basierten auf Zahnrädern sowie anderen mechanischen Komponenten, und tatsächlich hat man auch mit strombetriebenen Rechnern experimentiert, die Informationen analog darstellen. Warum also hat sich die heute verwendete Technologie durchgesetzt und wie funktioniert sie? Im Folgenden begeben wir uns in die Untiefen des Computers und schauen uns die Mechanismen an, die der Hardware zugrunde liegen.

Der Schalter im Kopf

„Ah, jetzt hat es klick gemacht", sagen wir manchmal, wenn wir etwas nach längerem Grübeln verstanden haben. Als hätte jemand einen Schalter umgelegt und der Gedankenstrom kann wieder fließen. Tatsächlich ist die Nervenzelle, die in milliardenfacher Ausführung in unserem Gehirn die Informationsverarbeitung abwickelt, eine Art Schalter, wenngleich ein besonders vielschichtiger und faszinierender. Eine Nervenzelle besitzt einen Fortsatz, mit dem sie Signale – man spricht von Nervenimpulsen – an andere Nervenzellen senden kann. Gleichzeitig verfügt sie über sich vielfach verästelnde Ärmchen, über die sie Nervenimpulse von anderen Nervenzellen empfangen kann. Und der Zellkörper selbst ist die Schaltzentrale: Wann immer die eingegangenen Signale in ihrer Gesamtheit eine gewisse Schwelle überschreiten, kippt der innere Schalter und die Nervenzelle sendet selbst einen Nervenimpuls über ihre Ausgangsleitung (Abb. 13.1).

In unserem Gehirn sind schätzungsweise 100 Mrd. – so viele Sterne gibt es in unserer Milchstraße – dieser kleinen Schaltzentralen miteinander verknüpft und bilden ein riesiges Schaltnetzwerk, in dem es pausenlos klick macht und Nervenimpulse hin- und herjagen. So werden von unseren Sinnesorganen Reize wie Licht und Geräusche in Nervenimpulse übersetzt, die dann im Gehirn in unzähligen Schaltvorgängen verarbeitet werden. Und auch eine Reaktion, z. B. eine Bewegung, wird über Nervenimpulse initiiert, die Muskelfasern anregen, sich zusammenzuziehen. Das Konzept der vielfach gekoppelten Schalter bildet die Grundlage für die kognitiven Prozesse, die in unserem Kopf ablaufen: analysieren, entscheiden, planen, fantasieren usw. Aus „einfachen" Schaltelementen können also extrem komplexe Gebilde mit einem ebenso komplexen Verarbeitungsverhalten entstehen. In groben Zügen ist das beim Computer ganz ähnlich, was jedoch nicht heißt, dass ein Computer wie ein Gehirn funktioniert und umgekehrt. Vielmehr liegt beiden dasselbe Prinzip zugrunde, nämlich Informationen durch Kaskaden elementarer Schaltvorgänge zu verarbeiten.

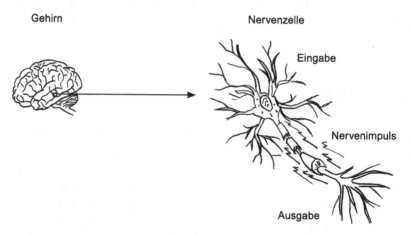

Abb. 13.1 Die Nervenzelle ist das elementare Verarbeitungselement in unserem Gehirn. (© PHBern: Magdalena Siegenthaler, Eckart Zitzler)

Das Nervensystem des Computers

Die elementaren Schaltzentralen beim Computer sind Transistoren. Das sind quasi Lichtschalter in Miniaturformat, die nicht über unsere Hand umgelegt werden, sondern über elektrischen Strom. Und die Transistoren sind über elektrische Leitungen miteinander verbunden. Analog zur Nervenzelle besitzt ein Transistor genau eine Ausgangsleitung, über die er Informationen weiterreicht, und eine oder mehrere Eingangsleitungen, über die er Signale von anderen Transistoren empfängt. Allerdings ist das Verhalten eines Transistors im Vergleich zum biologischen Gegenüber ausgesprochen einfach: Wenn auf allen Eingangsleitungen jeweils ein Signal empfangen wird, entsendet er ein Signal. Es gibt noch einen zweiten Typ, der genau dann ein Signal entsendet, wenn auf allen Eingängen *kein* Signal vorliegt (Abb. 13.2). Diese zwei Arten von Schaltzentralen und elektrische Leitungen – neben anderen Bauteilen – genügen, um den Kern der Computerhardware zu bauen. Wie beim Gehirn werden so riesige Schaltnetzwerke konstruiert, die komplexe Verarbeitungsvorgänge bewerkstelligen können.

Damit ist auch gesagt, dass in einem Computer Informationen durch elektrische Ströme codiert und verarbeitet werden. Das muss allerdings nicht so sein, wie wir schon in Kap. 1 gesehen haben. Die ersten Rechenmaschinen arbeiteten mechanisch und funktionierten ähnlich wie ein Uhrwerk.

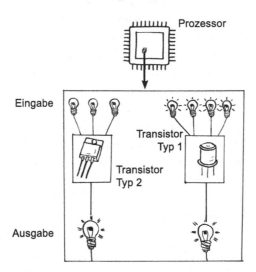

Abb. 13.2 Die Schaltzentrale in einem Computer, insbesondere im Prozessor, ist der Transistor, von dem es zwei Typen gibt; der erste Typ schaltet, wenn an allen Eingängen Strom anliegt, der zweite Typ schaltet, wenn an keinem der Eingänge Strom anliegt. (© PHBern: Magdalena Siegenthaler, Eckart Zitzler)

Die Elektrizität hat sich deswegen durchgesetzt, weil die Verarbeitung sehr schnell erfolgt und die Hardware hochgradig miniaturisiert werden kann. Des Weiteren hat man per Konvention einmal festgelegt, dass nur zwei Zustände einer Leitung unterschieden werden: Entweder Strom fließt oder nicht. Das ist mit digital gemeint, also eine zweiwertige Abstufung, obwohl die Stromstärke als solche eine stufenlose Größe ist. Ersterer Zustand steht für 1, letzterer für 0, d. h., auf einer Leitung kann die Ziffer einer Dualzahl dargestellt und übertragen werden. Auch das lässt sich anders machen: Analogrechner nutzen das ganze Spektrum an Stromstärken, um Zahlen darzustellen. Die heutigen Digitalrechner haben sich jedoch durchgesetzt, weil sie wesentlich einfacher zu bauen und robuster sind.

Wenn dem Kaiser ein Licht aufgeht

Es mag etwas schwer vorzustellen sein, wie sich über mehrere miteinander gekoppelte Transistoren Informationen verarbeiten lassen, geschweige denn wie es sich rechnen lässt. Verlassen wir an dieser Stelle daher die abstrakte technische Perspektive und schauen uns das an einem plastischen Beispiel an, frei angelehnt an das früher an der Chinesischen Mauer genutzte Warnsystem. Nehmen wir an, der Kaiser hat Boten in aller Herren Länder entsandt, um die Welt außerhalb seines Reichs zu erkunden – durch jedes Tor der Mauer einen. Damit er in seinem Palast unmittelbar über die Rückkehr der Boten informiert ist, hat er ein System aus Wachtürmen erstellen lassen, wie es in Abb. 13.3 links zu sehen ist. Zunächst einmal gibt es Wächter über den Toren; sie entzünden ein Feuer, sobald ein Bote wieder eingetroffen ist. Des Weiteren gibt es Wächter, die die Signale von der Mauer weiterleiten. Ihre Aufgabe ist es, ein oder zwei bestimmte Türme permanent im Auge zu behalten; sobald auf allen der zu beobachtenden Türme ein Signalfeuer brennt, zünden auch sie ein Feuer auf ihrem Turm an. Auf diese Weise werden die Informationen von der Mauer zum Palast übermittelt und dabei zusammengefasst. In diesem Setting zeigt der letzte beim Palast befindliche Turm dem Kaiser an, ob an allen Abschnitten die Boten angekommen sind („Feuer") oder nicht („kein Feuer").

Vielleicht möchte der Kaiser aber auch sofort Bescheid wissen, wenn der erste Bote die Mauer erreicht (und nicht erst, wenn alle zurück sind). Das ist möglich, wenn gewisse Wächter anders instruiert werden: Sie zünden ein Feuer genau dann, wenn alle beobachteten Türme *kein* Feuer tragen. Das kann dann so aussehen wie in Abb. 13.3 rechts dargestellt, wobei die

„Alle sind zurück!"   „Mindestens einer ist zurück!"

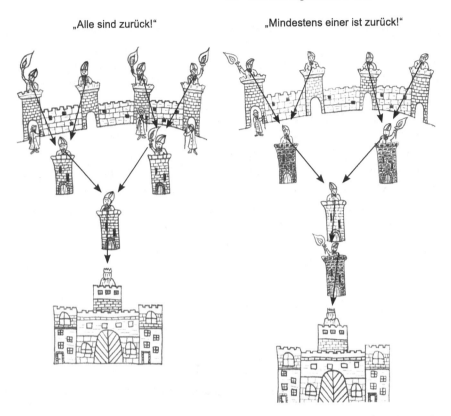

Abb. 13.3 Mehrere miteinander in Sichtkontakt stehende Türme informieren den Kaiser über die Rückkehr der Boten. (© PHBern: Magdalena Siegenthaler, Eckart Zitzler)

entsprechenden Wächter über dunkle Türme gekennzeichnet sind. Auf des Kaisers Turm brennt ein Feuer, wenn auf mindestens einem der Wachtürme an der Mauer ein Signalfeuer zu sehen ist. Aber zerbrechen Sie sich nicht den Kopf – man muss schon etwas nachdenken, um diese „Verschaltung" nachzuvollziehen. Das sind zwei Beispiele, wie Informationen (die Ankunft von Boten) auf verschiedene Arten verarbeitet werden können (alle sind da oder einer ist da). Es lassen sich mit diesen zwei Wächtertypen aber auch ganz andere Verarbeitungsvarianten realisieren, wie wir gleich sehen werden. Doch damit auch klar wird, was das Ganze mit elektronischen Schaltungen zu tun hat: Ersetzen Sie die Türme durch Transistoren, die Feuer durch Strom und den Sichtkontakt durch Leitungen … dann haben Sie es.

Rechnen mit Signalfeuern

Um zu illustrieren, wie man auf diesem Weg auch rechnen kann, lassen Sie uns die „Verschaltung" so erweitern, dass der Kaiser sogar sieht, wie viele Boten eingetroffen sind. Dafür betrachten wir allerdings nur zwei Tore, sonst wird die „Verschaltung" zu komplex. Wie die Türme dann platziert werden und welche Wächter welche Türme beobachten, ist in Abb. 13.4 zu sehen. Der linke unterste Turm zeigt sein Signalfeuer, wenn beide Mauertürme ein Signal senden, der rechte unterste Turm zeigt sein Signalfeuer, wenn genau einer der Mauertürme ein Feuer hat. Weil auch dieses Verhalten nicht so offensichtlich ist, spielen wir die möglichen Kombinationen doch einfach mal durch und schreiben jeweils 0 für „Feuer aus" und 1 für „Feuer an". Die Kombination 0 und 0 an den Toren ergibt 0 und 0 bei den untersten

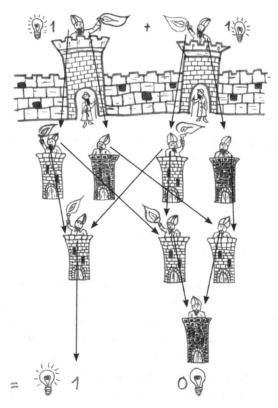

Abb. 13.4 Sind zwei Türme am Ende der Signalkette, kann mittels einer geeigneten Verschaltung die Anzahl der eingetroffenen Boten signalisiert werden. (© PHBern: Magdalena Siegenthaler, Eckart Zitzler)

Türmen, 1 und 0 führt zu 0 und 1, ebenso führt 0 und 1 zu 0 und 1 – und schließlich resultiert die Kombination 1 und 1 an den Toren zu einem 1 und 0 bei den untersten Türmen. Zusammengefasst: Aus $0+0$ wird 00, aus $0+1$ bzw. $1+0$ wird 01 und aus $1+1$ wird 10. Die „Verschaltung" macht also nichts anderes, als zwei einstellige Dualziffern zu addieren und das Resultat als zweistellige Dualzahl anzuzeigen. Die zwei Mauertürme stehen für die zwei Eingänge, die Türme beim Palast repräsentieren den Ausgang mit zwei Ziffern. Um mehrstellige Dualzahlen zusammenzuzählen, braucht es wesentlich mehr Schaltzentralen, aber das Prinzip bleibt das gleiche.

Das letzte Beispiel gibt Ihnen einen Eindruck davon, dass man mit elektronischen Schaltungen rechnen kann, auch wenn das Wie etwas schwer nachzuvollziehen ist. Und natürlich geraten die Schaltungen schnell mal unübersichtlich. Aus diesem Grund werden Schaltungen zumeist in Bausteine verpackt, aus denen sich dann komplexere Schaltungen bauen lassen, die wiederum ein komplexeres Verhalten aufweisen. Wir wollen uns hier nicht weiter in den Untiefen der Hardware verlieren. Die Hauptsache ist, Sie kennen das Prinzip, das hinter elektronischen Digitalschaltungen steht und der Computerhardware zugrunde liegt. Und wenn Sie sich vor Augen führen, dass eine Tastatur nichts anderes ist als eine Sammlung von Schaltern, mit denen sich Stromkreise an- und ausschalten lassen, und ein Bildschirm nichts anderes als ein riesiges Feld von Lampen, die über Stromkreise angesteuert werden, dann wird vielleicht klarer, dass mit über Transistoren gekoppelten Stromkreisen tatsächlich ein Computer gebaut werden kann.

Cool-down

Informationsverarbeitung funktioniert in einem Computer über ein riesiges Schaltnetzwerk. Dieses besteht aus einfachen Schaltelementen, die wie ein Stromschalter zu Hause funktionieren, allerdings über Strom und nicht über die Hand bedient werden. Diese Schalter heißen Transistoren und werden mittels elektrischer Leitungen miteinander verknüpft. Sie besitzen eine oder mehrere Eingangsleitungen, jedoch nur eine Ausgangsleitung. Die Leitungen selbst können unter Strom stehen oder nicht – zwei Zustände, die mit 1 und 0 symbolisiert werden. Informationen werden also binär über Eingangsleitungen in das Schaltnetz eingeführt, dort über den Schaltvorgang bearbeitet und das Ergebnis ist schließlich über die Ausgangsleitungen abgreifbar. So einfach das Prinzip ist, so komplex kann das Verhalten solcher Schaltungen werden. Das beste Beispiel dafür ist der Prozessor, den wir uns im nächsten Kapitel anschauen werden.

14

Der nackte Computer

Warm-up

Der Prozessor ist ein Computer ohne alles, sprich: die Zentrale, in der die Informationsverarbeitung abläuft, ohne die anderen Komponenten wie Tastatur, Bildschirm, Motoren, die die Verbindung zur Umwelt herstellen und Zulieferer bzw. Abnehmer von Daten sind. Er steht für eines der komplexesten Gebilde, die wir Menschen bauen können, und ist daher im Detail nur für Fachleute verständlich. Macht aber nichts, denn im Kern ist ein Prozessor nichts anderes als eine Fabrik, und zwar für Daten. Und wie eine Fabrik oder allgemein eine Verarbeitungsanlage wie z. B. eine Küche funktioniert, wissen wir ja. Also inwiefern ist ein Prozessor eine Datenküche und warum hat er eigentlich Hertz?

Die Küche als Minifabrik

Wenn wir kochen, verarbeiten wir letztlich Lebensmittel. Gemüse schälen und zerkleinern wir mit einem Messer, wir dünsten und erhitzen es in einer Pfanne, verrühren die Masse mit einem Kochlöffel, während wir die Spaghetti in heißem Salzwasser in einem Topf kochen – und fertig sind die Spaghetti Napoli. Einerseits machen wir Gebrauch von Werkzeugen wie Messer, Kochlöffel und Herd, andererseits nutzen wir Aufbewahrungsgefäße wie Schüsseln, Pfannen und Töpfe, um „Zwischenergebnisse" festzuhalten. Bei aufwändigeren Rezepten ist es ein ständiges Hin und Her: Teile werden zubereitet, zur Seite gestellt und schließlich in späteren Verarbeitungsvorgängen wieder verwendet. In einer Lebensmittelfabrik ist das nicht anders, nur kommen dort noch Transportmöglichkeiten zwischen den Verarbeitungsstationen dazu, beispielsweise

© Springer-Verlag GmbH Deutschland, ein Teil von Springer Nature 2025
E. Zitzler, *Basiswissen Informatik*, https://doi.org/10.1007/978-3-662-70121-8_14

in Form von Fließbändern (Abb. 14.1). Eine Küche ist aus dieser Perspektive eine Art Minifabrik, die sich von großen Verarbeitungsanlagen vor allem darin unterscheidet, dass wir selbst die Akteure sind und ein Rezept abarbeiten. In einer großen Fabrik sind die Abläufe automatisiert und werden maschinell ausgeführt. Es gibt einzig noch einen Kontrollraum, wo Menschen die Vorgänge überwachen und ggf. eingreifen.

Um aus einer Vielfalt von Zutaten ein Gericht zu zaubern, braucht es also einerseits geeignete Kochutensilien – Werkzeuge und Aufbewahrungsgefäße – und andererseits eine fähige Köchin oder einen fähigen Koch sowie ein Rezept. Mit anderen Worten: Es bedarf einer Infrastruktur und einer Ablaufsteuerung. Die Infrastruktur definiert das Spektrum an Möglichkeiten, nach denen Speisen zubereitet werden können. Die Ablaufsteuerung ist verantwortlich für die Dynamik und legt fest, in welcher Reihenfolge welche Zutaten mit welchen Werkzeugen verarbeitet werden. Stehen wir selbst in der Küche, sind wir es, die die Infrastruktur nutzen und die einzelnen Zubereitungsschritte vollziehen. In einer Lebensmittelfabrik hingegen steuern Computer die Abläufe. Letztlich ist es das Zusammenspiel von Infrastruktur und Ablaufsteuerung, welches die Nahrungszubereitung möglich macht. Dieses allgemeine Prinzip finden wir überall, selbst in der Musik: Der Flügel setzt den Rahmen der möglichen Klänge, die Pianistin spielt auf der Klaviatur und setzt Töne zu einer Melodie zusammen. Dabei hat es immer unveränderliche Anteile, z. B. die Küchengeräte bzw. die Flügelmechanik, und veränderliche Anteile, z. B. das Rezept bzw. die Partitur. Kaum verwunderlich, dass es beim Prozessor ganz ähnlich ist, denn er ist letztlich eine Datenküche bzw. Datenfabrik.

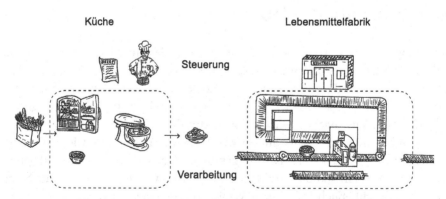

Küche   Lebensmittelfabrik

Steuerung

Verarbeitung

Abb. 14.1 Die Küche (links) ist die kleine Schwester der Lebensmittelfabrik (rechts). (© PHBern: Magdalena Siegenthaler, Eckart Zitzler)

Eine Fabrik für Daten

Ein Prozessor hat dieselben Komponenten wie eine Verarbeitungsanlage für Lebensmittel, allerdings sind Messer, Quirl und Schüssel hier elektronische Schaltungen, die in Bausteinen abgekapselt werden. In seiner einfachsten Form weist ein Prozessor drei Bestandteile auf: ein Rechenwerk, verschiedene Speicherbausteine sowie Leitungen, die diese Elemente miteinander verbinden (Abb. 14.2). Im Zentrum steht das Rechenwerk. Es ist die universelle Küchenmaschine im Prozessor, die quasi Herd, Messer und Quirl in einem verkörpert und die elementaren Rechenoperationen durchführt. Über die Eingangsleitungen werden die zu verarbeitenden Dualzahlen eingespeist, diese dann mittels elektronischer Schaltvorgänge – wie in Kap. 13 exemplarisch aufgezeigt – vermengt oder anderweitig manipuliert, und das Ergebnis wird schließlich über die Ausgangsleitungen zur Verfügung gestellt. Der Name suggeriert eine mächtige Rechenfabrik, und tatsächlich handelt es sich beim Rechenwerk um eine ziemlich komplizierte digitale Schaltung. Doch die Rechenarten, die es unterstützt, sind in der Regel recht bescheiden und beschränken sich auf Operationen wie Addition, Subtraktion, Multiplikation und Division. Ein Programm muss sich mit diesen Werkzeugen begnügen, um aufwändigere Berechnungen zu realisieren.

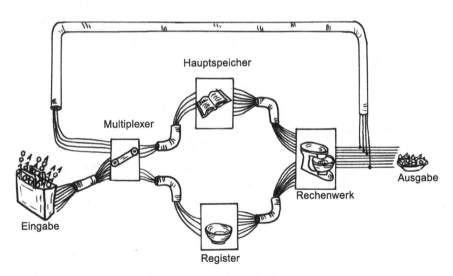

Abb. 14.2   Der Prozessor als Datenküche. (© PHBern: Magdalena Siegenthaler, Eckart Zitzler)

Die Aufbewahrungsgefäße in einem Computer sind die verschiedenen Speicherbausteine, die ebenfalls nichts anderes sind als elektronische Schaltungen. Der Hauptspeicher (vgl. Kap. 7) ist die Vorratskammer, die sich allerdings nicht auf dem Prozessor befindet. Im Prozessor gibt es eine kleine Variante des Hauptspeichers, die Cache genannt wird, und wesentlich kleiner, dafür aber auch viel schneller ist. Ein Cache ist ein Zwischenlager für Teile des Hauptspeichers. Und dann gibt es im Prozessor auch weitere, noch schnellere Zwischenspeicher, Register genannt, die dazu dienen, Teilergebnisse in einem Berechnungsstrang temporär festzuhalten; sie sind die Schüsseln in der Datenküche. Die Leitungen schließlich definieren die Pfade, entlang derer die Daten zwischen den Rechen- und Speicherkomponenten transportiert werden können. Wie in der Lebensmittelfabrik mit einer Fließbandanlage braucht es Weichen, über die der Datenfluss gesteuert werden kann: Welchen Weg sollen die Daten nehmen? Diese Zusatzbausteine werden Multiplexer genannt und sind wiederum nichts anderes als elektronische Schaltungen. So, damit hätten wir die Infrastruktur eines Prozessors beisammen.

Der automatisierte Koch

Was jetzt noch fehlt, ist der Koch bzw. die Ablaufsteuerung. Wie kann diese Datenküche genutzt werden, um einen Verarbeitungsablauf auszuführen? Sie können sich das Ganze so vorstellen, als würden die einzelnen Bausteine wie Rechenwerk, Speicherbausteine und Multiplexer über Fäden gesteuert: So lässt sich einstellen, welche Art von Rechenoperation das Rechenwerk durchführen soll, welchen Weg die über einen Multiplexer geleiteten Daten nehmen sollen, ob der Inhalt eines Speichers mit neuen Daten überschrieben werden soll und welche Speicherzelle – beim Cache – eigentlich gemeint ist (Abb. 14.3 links). Alles in allem ist die Datenküche die Marionette, die über das geschickte, koordinierte Ziehen oder Erschlaffen-Lassen der Fäden gesteuert wird. Und der Marionettenspieler ist der Koch. Über die Fäden kann er bestimmen, welche Lebensmittel bzw. Daten gerade wie verarbeitet werden sollen und wo das Produkt bzw. das Ergebnis abgelegt werden soll.

Natürlich sind es in der Realität Leitungen und nicht Fäden, und der Marionettenspieler selbst ist ebenfalls eine digitale Schaltung: die Steuerungsschaltung. Diese Steuerungsschaltung setzt die Informationsverarbeitung Schritt für Schritt um, und jeder Schritt umfasst im Wesentlichen drei Vorgänge: Daten aus dem Speicher lesen und zum Rechenwerk führen, dort verarbeiten und das Ergebnis wiederum im Speicher – Register oder Cache –

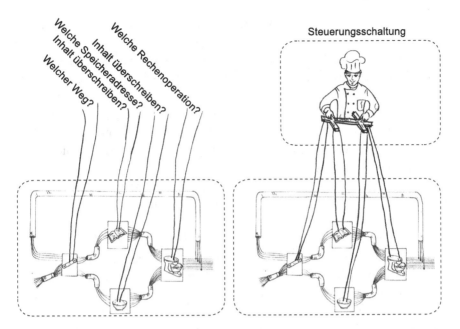

Abb. 14.3 Die Infrastruktur des Prozessors wird über elektrische Leitungen bedient (links), eine Steuerungsschaltung dirigiert den Verarbeitungsablauf (rechts). (© PHBern: Magdalena Siegenthaler, Eckart Zitzler)

ablegen. Die gegebene Infrastruktur bestimmt dabei die Möglichkeiten. Wollen wir beispielsweise zwei Zahlen aus dem Cache addieren, dann braucht es im in Abb. 14.3 skizzierten Beispiel zwei Schritte: Erst wird der erste Summand aus dem Cache über das Rechenwerk, welches den Wert einfach nur weiterleitet, in das Register übertragen. Anschließend können die beiden in Register und Cache ablegten Summanden addiert und das Ergebnis wiederum im Cache abgelegt werden. Ja, das erinnert nicht mehr an die Sinnlichkeit des Kochens, sondern ist vielmehr ein stark eingeengter Aktionsradius, den die Datenfabrik hier bietet.

Im Wechselschritt durchs Rezept

Was jetzt noch fehlt, ist das Programm. Wie kommt das hier herein bzw. wie kann die Ablaufsteuerung so angepasst werden, dass sie nicht starr immer den gleichen Ablauf ausführt, sondern beliebige Verarbeitungsrezepte abarbeiten kann? Eine Möglichkeit besteht darin, die Steuerungsschaltung selbst jedes Mal anzupassen – so hat man es bei den ersten Computern tatsächlich auch gemacht, vgl. Abb. 3.2 links. Das ist natürlich unpraktisch und deswegen ist es heutzutage so, dass Programme genauso wie die zu verarbeitenden Daten im Speicher abgelegt sind. Das hat zur Konsequenz, dass Programmausführung im Wechselschritt abläuft. Im ersten Schritt wird immer der nächste Befehl im Programm aus dem Speicher gelesen und vom Datenkoch bzw. dem Marionettenspieler alias Steuerungsschaltung interpretiert. Im zweiten Schritt wird dann die durch den Befehl beschriebene Aktion auf der Infrastruktur ausgeführt. Dieses Hin und Her zwischen Befehl einlesen und Befehl auslesen ist in Abb. 14.4 skizziert.

Die Ausführung all dieser Schritte erfolgt in einem zeitlichen Raster – wie bei einer Sinfonie. Dadurch ist es einfacher, die einzelnen Komponenten, die bei der Informationsverarbeitung am Werk sind, aufeinander abzustimmen. Im übertragenen Sinne: Die Spaghetti sollten zeitgleich mit der Sauce fertig sein, ansonsten ist das eine oder das andere kalt. Deswegen gibt es wie in einem Orchester einen Taktgeber. Von einem Dirigenten zu sprechen, wäre etwas hochgegriffen, denn letztlich handelt es sich um eine Art Metronom, das der Steuerung jeweils sagt, wann der nächste Schritt ausgeführt werden kann. Und klar ist auch: Je kürzer die Taktdauer, desto mehr Rechenschritte kann ein Prozessor in einer Sekunde ausführen und desto schneller ist eine

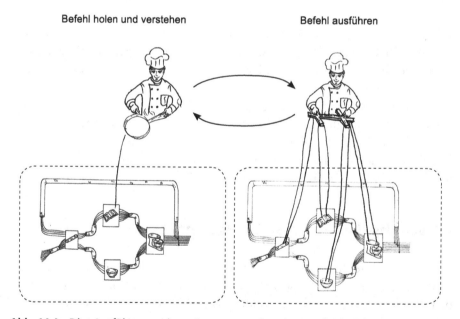

Abb. 14.4 Die Ausführung eines Programms ist ein Wechselspiel zwischen dem Einlesen eines Befehls und der Ausführung des Befehls. (© PHBern: Magdalena Siegenthaler, Eckart Zitzler)

Berechnung abgeschlossen. Nachvollziehbarerweise versucht man die Takt-dauer zu minimieren. Hersteller werben jedoch mit einer anderen Kennzahl, der Taktfrequenz. Die Taktfrequenz steht für die Anzahl der Takte pro Se-kunde und wird in der Einheit Hertz, abgekürzt als Hz, angegeben. Bei den ersten Mikroprozessoren bewegte sich die Taktfrequenz noch im Bereich von einigen Hundert kHz – sprich: Kilohertz, also tausend Takte pro Sekunde –, 20 Jahre später waren es dann GHz – sprich: Gigahertz, eine Milliarde Takte pro Sekunde. Moderne Prozessoren können allerdings hundert Milliarden und mehr elementare Rechenoperationen pro Sekunde ausführen, weil häu-fig gleich mehrere Verarbeitungseinheiten – diese sogenannten *Cores* können Sie sich als Prozessorduplikate vorstellen – auf einem einzigen Prozessorchip verbaut werden.

Cool-down

Ein Prozessor ist eine Fabrik für Daten. Er besitzt eine universelle Rechenzen-trale – das Rechenwerk –, mit der Daten vermengt, getrennt und anderweitig verarbeitet werden können. Er besitzt zudem Aufbewahrungsgefäße, also ver-schiedene Speicherbausteine zum Festhalten von Zwischenergebnissen. Diese Komponenten sind mittels elektrischer Leitungen verbunden, sodass die Daten zwischen ihnen hin- und hergeschoben und so verarbeitet werden können. Die Steuerung dieser Verarbeitungsanlage übernimmt eine separate Schaltung. Dieser elektrische Datenkoch liest Programme schrittweise ein und arbeitet die darin aufgelisteten Befehle Schritt für Schritt ab. So wird das Rezept rea-lisiert. Tatsächlich ist ein Prozessor ein Geflecht einer riesigen Schaltung, die zum Komplexesten gehören, was wir Menschen bauen können. Genauso wie das Internet, dessen Evolution wir im Folgenden etwas genauer unter die Lupe nehmen.

15

Wie funktioniert das Internet?

Warm-up

Das Internet ist ein phänomenales Gebilde. Obwohl von Menschenhand geschaffen, weiß niemand, wie es aussieht. In jeder Sekunde flitzen unzählige
Datenpakete quer über den Globus und finden zuverlässig ihren Weg in dem
riesigen Computernetzwerk. Egal ob wir gerade zu Hause, in den Ferien oder
bei der Arbeit sind: Wir können über unseren Computer einen Videoanruf zu
unseren Freunden tätigen und sind immer miteinander verbunden. Doch wie
kann das gehen, woher weiß mein Computer, wo der andere Computer ist?
Und wie werden die Daten transportiert, wenn doch zwischendurch elektrischen Leitungen, Funkantennen, Glasfaser und andere Technologien passiert
werden müssen? In diesem Kapitel geht es um das, was das Internet im Innersten zusammenhält. Es geht um Internetadressen, Router und ähnliche Zauber-
worte, die uns im Alltag immer wieder begegnen, ohne dass wir wissen, was
dahintersteckt.

Als die Post abging

Wir Menschen haben diverse Kommunikationssysteme erfunden, um Nachrichten im großen Stil über weite Distanzen zu übermitteln. Mit der Briefpost und später dem Telefon konnten einzelne Individuen direkt mit anderen
Individuen kommunizieren. Printmedien, Radio und Fernsehen erlaubten es,
eine Masse von Adressaten gleichzeitig anzusprechen, auch wenn nur ausgewählte Sender Informationen übertragen können. Mit dem Internet hat sich
das Spektrum an Möglichkeiten nochmals enorm erweitert, denn heutzutage
kann eigentlich jeder beliebig viele Empfänger parallel ansprechen. Doch

© Springer-Verlag GmbH Deutschland, ein Teil von Springer Nature 2025
E. Zitzler, *Basiswissen Informatik,* https://doi.org/10.1007/978-3-662-70121-8_15

es war ein langer Weg dorthin. Es bedurfte verschiedenster technologischer Entwicklungen, bis aus den ersten Computernetzwerken, die sich ab den 1950ern bildeten und nach verschiedenen Mechanismen funktionierten, ein weltumspannendes Netzwerk wurde, das wir heute als Internet kennen. Welche Schwierigkeiten dabei zu überwinden waren, lässt sich gut an der Entwicklung der internationalen Post veranschaulichen, denn auch dort mussten verschiedene Postsysteme zusammenwachsen.

Die Ursprünge des Postwesens reichen bis weit zurück in die Geschichte, bis nach Ägypten und Persien. Es wurden Boten eingesetzt, sowohl zu Fuß als auch zu Pferde, aber auch per Schiff, um schriftliche Nachrichten zu überbringen; später kamen dann noch Brieftauben hinzu. Es sollte aber dauern, bis aus solchen Kurierdiensten eine Post für alle wurde. Im deutschsprachigen Raum bildeten sich zunächst einfache Linien, z. B. von Leipzig nach Hamburg, aber auch über die Alpen von Lausanne nach Aosta – das war im 17. Jahrhundert. Es kamen mit der Zeit immer mehr Linien hinzu mit der Konsequenz, dass sich im 19. Jahrhundert über ein Dutzend selbstständige Postgebiete gebildet hatten, und jedes funktionierte nach seinen eigenen Bestimmungen. Um die Linien zu verbinden, brauchte es Absprachen, z. B. die einheitliche Einführung der Briefmarke, die Abstimmung der Tarife und eine entsprechende Transitfreiheit. Zu diesem Zweck wurde 1874 in Bern ein Allgemeiner Postverein gegründet, aus dem vier Jahre später der Weltpostverein hervorging, der bis heute die internationale Zusammenarbeit der Postbehörden ebenso regelt wie den grenzüberschreitenden Postverkehr. Die internationale Post, wie sie heute funktioniert (siehe Abb. 15.1), ist also nicht vom Himmel gefallen, sondern hat sich schrittweise entwickelt.

Die Erfindung des Zwischennetzes

Als man in der Lage war, Computer zu bauen, kam schon bald die Idee auf, mehrere von ihnen miteinander zu verbinden, um Daten auszutauschen, aber insbesondere um Ressourcen zu teilen. Man experimentierte mit verschiedenen Möglichkeiten, Computernetzwerke zu konstruieren. Dafür brauchte es einerseits eine technologische Grundlage, ein Kommunikationsmedium, über das Informationen übermittelt werden konnten. Andererseits war festzulegen, wie Informationen dargestellt und in Pakete geschnürt werden. So entstanden diverse Netzwerktechnologien mit illustren Namen wie Ethernet oder Tokenring, die sich auch noch permanent weiterentwickelten. Und auf einmal stand man vor dem Problem: Wir machen wir daraus ein Ganzes?

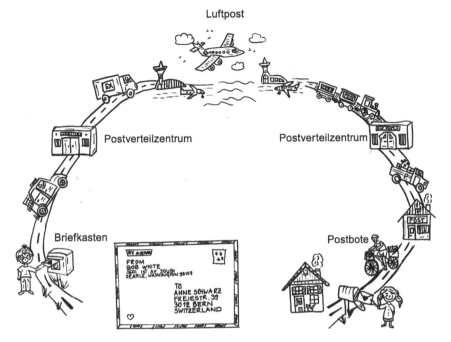

Abb. 15.1 Wie ein Brief über verschiedene Zwischenstationen vom Absender bis zum Empfänger quer über den Globus reist. (© PHBern: Magdalena Siegenthaler, Eckart Zitzler)

Man hat zunächst mal Geräte gebaut, mit denen sich Netze koppeln lassen und die als Dolmetscher zwischen zwei Kommunikationskanälen dienen. Sie werden Switches genannt, in Abb. 15.2 ist ein Beispiel zu sehen. Sie können sich die Kommunikationskanäle als zwei Täler vorstellen, bei denen im einen über Flaggen und im anderen über Lichtsignale kommuniziert wird. Um Nachrichten von einem Tal zum anderen zu schicken, braucht es auf dem Berg dazwischen Mittler, die die Flaggensignale in Lichtsignale und umgekehrt umwandeln. Die Switches machen natürlich noch mehr, als nur die Nachrichten umzuwandeln, sie müssen z. B. auch die Adressen und das Format der Nachrichten anpassen. So ist es z. B. möglich, dass zu Hause unser Laptop per Funk ins Netz eingebunden ist, während der Drucker per Kabel angeschlossen ist, und trotzdem beide Geräte miteinander kommunizieren können.

Allerdings lässt sich auf diese Art und Weise noch kein weltumspannendes Computernetzwerk etablieren. Da Nachrichten quasi auf allen Leitungen weitergereicht werden – so als würde man einfach in die Runde rufen –, wären die Datenleitungen schnell verstopft. Stattdessen hat man sich

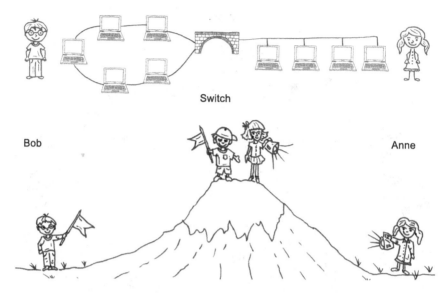

Abb. 15.2 Wie zwei Netzwerke über einen Switch miteinander gekoppelt werden. (© PHBern: Magdalena Siegenthaler, Eckart Zitzler)

überlegt, ein Zwischennetz zu konstruieren, in dem Nachrichten zwischen Netzen gezielt und effizient weitergereicht werden. Zudem hat man sich ein Adresssystem ausgedacht, worüber jeder Computer weltweit eindeutig ansprechbar ist. Herausgekommen ist das, was wir heute Internet nennen. Das Internet ist folglich nicht vom Himmel gefallen, sondern hat sich wie die traditionelle Post schrittweise aus lokalen Netzwerken zu einem globalen Verbund entwickelt – und es entwickelt sich auch heute noch weiter.

Wo wohnt mein Computer?

Schauen wir uns zunächst einmal das im Internet verwendete Adresssystem an. Jeder Computer hat eine eindeutige Internetadresse oder kurz IP-Adresse; die Abkürzung IP steht für *Internet Protocol*, das ist quasi das Regelwerk, nach dem die Kommunikation im Internet funktioniert. Die Internetadresse ist ein 0–1-Muster fixer Länge und wie bei der klassischen Briefpost hierarchisch organisiert (Abb. 15.3): Es gibt Länder, Orte, Straßen usw., nur verwendet man andere Begriffe. Die Hierarchie drückt sich dadurch aus, dass die Bits des 0–1-Musters den Netzwerkbereich von links nach rechts immer weiter eingrenzen. Die oberste Hierarchiestufe im Internet sind Regionen wie z. B. Nordamerika, Südamerika oder Afrika. Für jede Region gibt

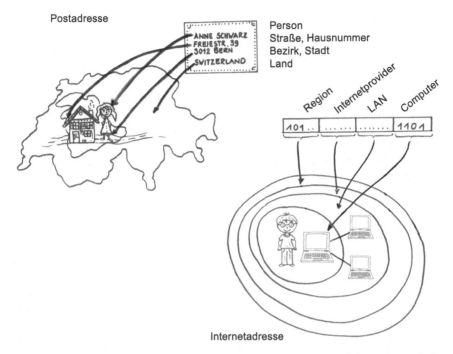

Postadresse

Person
Straße, Hausnummer
Bezirk, Stadt
Land

Region   Internetprovider   LAN   Computer

101..   1101

Internetadresse

Abb. 15.3   Wie Internetadressen aufgebaut sind. © PHBern: Magdalena Siegenthaler, Eckart Zitzler)

es einen Adressbereich, der von einer regionalen Adressverwaltung, einer *regional internet registry*, verantwortet wird. Dieser Adressbereich wird durch die am weitesten links stehenden Bits innerhalb der Internetadresse festgelegt. Die darauf folgenden Bits (von links gelesen) repräsentieren die darunter liegende Hierarchiestufe, die die großen Internetdienstanbieter verantworten. Letztere vergeben an ihre Kunden dann Adressbereiche, bei denen noch mehr Bits auf der linken Seite fixiert sind. Die Kunden schließlich können die letzten frei einstellbaren Bits auf der rechten Seite verwenden, um den im lokalen Netzwerk angeschlossenen Computern eindeutige IP-Adressen zu vergeben.

Das System der globalen Internetadressen wurde nachträglich geschaffen und quasi über die bestehenden Netzwerke gestülpt. Allerdings ersetzte es nicht die bestehenden Adresssysteme in den diversen Netzwerktypen. Es wird parallel zu diesen betrieben, sodass lokale Netzwerke dezentral und individuell verwaltet werden können. Die Frage ist nur, wie dieses Nebeneinander konkret realisiert wird. Die Lösung liegt auf der Hand: Innerhalb eines Netzwerks werden die typeigenen Adressen verwendet, und sobald es nach draußen geht, kommen die IP-Adressen zur Anwendung. Und was passiert, wenn wir mit unserem Laptop mal von zu Hause und mal von der Arbeit aus ins Internet gehen? Heim- und Arbeitsnetzwerk haben ja verschiedene Internet-Adressbereiche, und entsprechend erhält der Laptop in jedem Netz eine andere IP-Adresse zugewiesen. Damit wir trotzdem mit unseren Freunden chatten können, braucht es Mittler, also Server, deren IP-Adressen fix sind. Dort melden sich die Chatpartner mit ihrer jeweiligen Internetadresse an, und der Mittler kann dann Auskunft über die IP-Adressen der Gesprächsteilnehmenden geben. Anschließend können die Computer der Chatpartner direkt miteinander kommunizieren.

Der Weg durch den Dschungel

Offen ist allerdings noch, wie denn die Datenpakete ihren Weg finden, z. B. während eines Chats zwischen Bob, der sich in Amerika befindet, und Anne, die in der Schweiz ist. Auch hier gibt es wieder Mittler: die sogenannten Router, die Routenfinder. Jedes Netzwerk besitzt mindestens einen dieser Router, der die Verbindung zur Außenwelt darstellt. Der Router ist wiederum mit anderen Routern, ja einem Netzwerk an Routern verbunden. Die Router bilden zusammen jenes Zwischennetz, das die lokalen Netzwerke miteinander verbindet. Das Besondere dabei ist, dass der Weg, den ein Datenpaket über das Routernetzwerk nimmt, nicht festgelegt ist und je nach Verkehrslage unterschiedlich aussehen kann. Ein Router nimmt ein Datenpaket entgegen und entscheidet aufgrund der Empfängeradresse und einer internen Adressliste, zu welchem Router er die Daten weiterleitet. Ziel ist, das Datenpaket näher zum Empfänger zu bringen. Router haben also die Aufgabe, Routen zu finden, auch wenn sie nicht notwendigerweise den gesamten Weg kennen müssen: Sie leiten jede Nachricht an einen nächsten Router weiter, und von dort aus geht es dann ggf. über weitere Router bis ins Zielnetzwerk zum Empfänger, siehe Abb. 15.4.

Ein Datenpaket wird also von Router zu Router weitergereicht, doch der Weg ist nicht von vornherein festgelegt, sondern kann je nach Auslastung flexibel gewählt werden. Das Ganze ist also hochdynamisch, genauso wie das Internet selbst. Netzwerke können sich ändern, Router können ausfallen, doch die Konzeption der Internetadressen und der entsprechenden Datenweiterleitung ist so flexibel, dass die konkrete Netzwerkstruktur beliebig sein kann – es funktioniert immer noch. Deswegen kann sich das Internet eigentlich permanent verändern, so wie eine Gesellschaft. Das Gebilde der Gesellschaft befindet sich ebenso ständig im Wandel, Menschen reisen ein

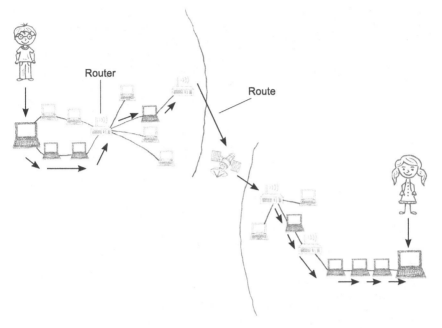

Abb. 15.4   Wie ein Datenpaket im Internet von Router zu Router weitergereicht und so seine Route vom Sender zum Empfänger bestimmt wird. (© PHBern: Magdalena Siegenthaler, Eckart Zitzler)

und aus, Menschen sterben und werden geboren, Menschen nehmen neue Kontakte auf und brechen andere ab. Das einzige (einigermaßen) Konstante sind letztlich die Regeln unseres Zusammenlebens, seien sie nun in Gesetzestexten festgeschrieben oder kulturell etabliert, wie z. B. die Umgangsformen. Und das ist beim Internet genauso, auch wenn es hin und wieder Anpassungen braucht. Beispielsweise mussten die Längen der IP-Adressen von 32 auf 128 Dualziffern angepasst werden, weil die Anzahl der angeschlossenen Computer so rasant zugenommen hat.

Cool-down

Ein Computernetzwerk ist ein Verbund von Computern, die mit Leitungen oder per Funk miteinander verknüpft sind und so miteinander kommunizieren können. Das Internet wiederum ist ein Verbund von verschiedenen Computernetzwerken, der sich permanent im Wandel befindet. In der Mitte befindet sich ein Zwischennetz, über das weltweit von jedem Computernetzwerk zu jedem anderen Nachrichten geschickt werden können. Es besteht aus Routern, Geräten, die Datenpakete immer weiter in Richtung des Empfängers über andere Router weiterleiten. Des Weiteren definiert das Internet ein globales Adresssystem, so-dass jeder Computer sich weltweit eindeutig ansprechen lässt und über Router erreichbar ist. Das Ganze ist ein hochveränderliches Gebilde, dessen Struktur im Detail niemand kennt. Es bildet sich, entwickelt sich und ist die Grundlage für eine weitere Entwicklung: die Künstliche Intelligenz.

16

Wie die Intelligenz in den Computer kommt

Warm-up

Wurden Computer anfangs hauptsächlich als Zahlenfresser eingesetzt, so hat sich das Spektrum der Anwendungen mittlerweile enorm erweitert: Sie können Schach spielen, Autos steuern, Gesichter erkennen, sprechen usw. – Dinge, von denen man lange annahm, dass sie nur Menschen vorbehalten sind. All diese Tätigkeiten, bei denen Computer etwas tun, was wir allgemein als intelligent bezeichnen, werden unter dem Begriff Künstliche Intelligenz zusammengefasst. Der Begriff ist etwas nebulös, nicht zuletzt deshalb, weil sich ganz verschiedene Methoden dahinter verstecken. Versuchen wir etwas Licht ins Dunkel zu bringen und schauen uns an, wie Computer lernen, spielen und erfinden können.

Was ist Intelligenz?

Mit der Intelligenz ist es so eine Sache: Wir alle wissen, was damit gemeint ist, aber eine allgemein anerkannte, wissenschaftliche Definition gibt es nicht. Ist es der brillante Verstand einer Wissenschaftlerin, die Schlagfertigkeit eines Kabarettisten, die schnelle Auffassungsgabe einer Managerin, das Einfühlungsvermögen eines Lehrers, das ästhetische Gespür einer Innenarchitektin, das soziale Geschick eines Politikers, die Kreativität einer Malerin usw.? Oder ist es einfach nur das, was ein Intelligenztest misst und als IQ bekannt ist? Diese Beispiele spiegeln Facetten von dem wider, was wir unter Intelligenz verstehen. Das macht den Begriff nicht unbedingt leichter zu fassen. Intelligenz hat sicherlich etwas mit Anpassungsfähigkeit zu tun,

© Springer-Verlag GmbH Deutschland, ein Teil von Springer Nature 2025
E. Zitzler, *Basiswissen Informatik,* https://doi.org/10.1007/978-3-662-70121-8_16

mit unserer Fähigkeit, in komplexen, unbekannten Situationen immer wieder neue, adäquate Lösungen zu finden.

Unbestritten ist der Mensch das intelligenteste Lebewesen, das wir kennen. Deswegen sind wir wohl auch so erstaunt, wenn eine Maschine etwas besser kann als wir. Allerdings zeigt sich intelligentes Verhalten selbst bei den kleinsten Lebewesen und ist daher nicht ein exklusives Merkmal des Menschen (Abb. 16.1). Bakterien können sich, wenn die Nahrung knapp wird, zu Kolonien zusammenschließen, sich gegenseitig schützen, gegen andere Kolonien verteidigen und dabei auch noch interne Schmarotzer rauswerfen. Es gibt Ameisenstämme, die Landwirtschaft (Pilze züchten) oder Viehzucht (Blattläuse melken) betreiben. Für die Schläue von Rabenvögeln gibt es verblüffende Beispiele, etwa wie sie sich Werkzeuge zunutze machen, und Schwertwale sind erstaunlich erfinderisch beim Entwickeln von Jagdstrategien, die sie dann ihren Nachwuchs lehren. Intelligenz fasziniert, und nicht ohne Grund hat die Frage, ob wir intelligente Maschinen schaffen können, die Menschen schon lange vor dem Bau des ersten Computers beschäftigt. Die Erzählung „Der Sandmann" von E. T. A. Hoffmann aus dem Jahr 1816 ist nur eines von vielen Beispielen aus der Literatur. Klar ist: Die Auseinandersetzung mit der Künstlichen Intelligenz trägt auch zu unserem Verständnis von Intelligenz bei. Im Folgenden sind drei Anwendungsszenarien herausgegriffen, um zu illustrieren, wie Intelligenz in den Computer gelangen kann.

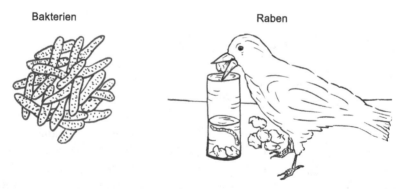

Abb. 16.1 Beispiele für intelligentes Verhalten bei Bakterien, die bei Bedarf Kolonien bilden und kooperieren, und Raben, die Hilfsmittel zu nutzen wissen, um z. B. Regenwürmer zu fangen. (© PHBern: Magdalena Siegenthaler, Eckart Zitzler)

Wie ein Computer lernt

Mit Lernen meinen wir, dass vergangene Erfahrungen das zukünftige Verhalten beeinflussen. Damit geht zweierlei einher: Wir übertragen Verhaltensregeln erfolgreich auf neue, unbekannte Situationen und wir sind in der Lage, selbst in identischen bzw. ähnlichen Situationen unser Verhalten aufgrund von Erfahrungen zu verändern. Übertragen auf das einfache Verarbeitungsschema eines Computers heißt dies, dass sich die Zuordnung der Eingabedaten auf Ausgabedaten ändern kann und nicht fixiert ist. Und das wiederum bedeutet, dass es Anpassungen am Programm gibt, sich der Ablauf also ändert. Wir haben es hierbei mit einer weiteren Stufe der Flexibilisierung eines Computersystems zu tun. Nehmen wir beispielsweise die Aufgabe, aufgrund von Fotos zu erkennen, um welche Person es sich handelt. Wir könnten ein Programm schreiben, das Anne und Bob unterscheiden kann, doch sobald noch Celine hinzukommt, müssen wir das Programm zwar vielleicht nicht neu schreiben, aber zumindest erweitern. Die Alternative: Wir schreiben ein Programm, das mit Beispieldaten gefüttert wird und dann selbst herausfindet, was Anne, Bob und Celine unterscheidet. Das nennt man maschinelles Lernen.

Beim maschinellen Lernen geht es darum, den Informationsverarbeitungsprozess bzw. das Programm anzupassen – und zwar wiederum automatisiert, über ein anderes Programm. Letzteres ist quasi das Lernprogramm. Das Lernprogramm bekommt nacheinander Beispiele präsentiert (siehe Abb. 16.2 oben); auf dieser Basis generiert es ein Programm, das das gewünschte Verhalten umsetzt, in unserem Beispiel also Gesichter erkennt (siehe Abb. 16.2 unten). Das resultierende, man könnte sagen, gelernte Programm kann ganz unterschiedlich aussehen. Es kann beispielsweise in einer Programmiersprache formuliert sein. Das Programm kann jedoch auch – und das ist auf den ersten Blick irritierend – als Netzwerk dargestellt werden, das einem natürlichen Nervensystem nachempfunden ist. Da gibt es kleine Verarbeitungseinheiten, quasi künstliche Nervenzellen, die miteinander verknüpft sind und so die gewünschte Ausgabe produzieren. Man spricht in diesem Zusammenhang von künstlichen neuronalen Netzen. Künstliche neuronale Netze eignen sich sehr gut, um Programme zur Erkennung von Schriften, Sprachen, Gesichtern und anderweitigen Mustern zu erlernen. Ihr Nachteil ist, dass ein Mensch den durch sie beschriebenen Verarbeitungsvorgang in der Regel nicht verstehen kann; sie erscheinen uns wie eine Blackbox.

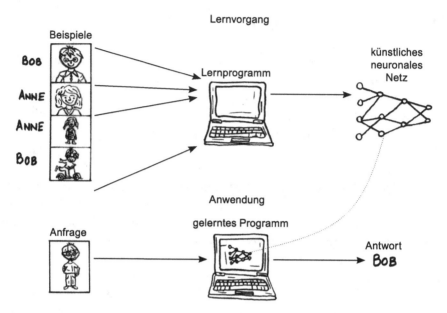

Abb. 16.2 Beim maschinellen Lernen erzeugt ein Lernprogramm automatisiert ein anderes Programm, das eine bestimmte Anwendung löst. (© PHBern: Magdalena Siegenthaler, Eckart Zitzler)

Wie ein Computer spielt

Spiele sind Paradebeispiele für Situationen, in denen wir unsere kognitiven Fähigkeiten wie Denken, Planen, Bewerten und Entscheiden unter Beweis stellen können. Deswegen war man auch von Anfang an darauf aus, Computern das Spielen beizubringen – wobei es weniger um spielerisches Ausprobieren, sondern vor allem um Brett- und Kartenspiele geht. Lange konnte man sich nicht vorstellen, dass ein Computer einen Schachweltmeister schlagen könnte, doch bereits 1997 war es so weit. 20 Jahre später musste sich auch der weltbeste Go-Spieler einem Computer geschlagen geben. Und wenn wundert's: Dabei kamen natürlich Methoden des maschinellen Lernens zum Einsatz. Um zu demonstrieren, wie ein Computer spielt, lassen Sie uns das bekannte „Tic-Tac-Toe"-Spiel anschauen, bei dem zwei Gegner abwechselnd Steine in einem 3×3-Feld platzieren mit dem Ziel, drei der eigenen Steine auf einer Linie anzuordnen. Der Computer soll für einen der Gegner die jeweiligen Spielzüge berechnen – und natürlich zu gewinnen versuchen!

Das entsprechende Computerprogramm macht im Wesentlichen das, was auch wir Menschen bei solchen Strategiespielen machen: zukünftige Spielsituationen durchzuspielen. Das Prinzip ist, möglichst viele Züge vorauszuschauen und diese zu bewerten, um so den aussichtsreichsten nächsten Zug auszuwählen. Der Computer simuliert einen Spielzug für sich selbst, dann einen für den Gegner, immer im Wechsel. In Abb. 16.3 sehen Sie, wie das in der einer bestimmten Spielsituation aussehen kann, wenn der Computer als Nächstes ziehen muss (einen Kreis setzen). Wenn wir davon ausgehen, dass der Gegner immer den für ihn bestmöglichen Zug macht, können wir für alle nachfolgenden Züge bestimmen, ob damit ein Sieg, ein Unentschieden oder eine Niederlage erzielt wird. Beim „Tic-Tac-Toe"-Spiel ist es mühelos möglich, alle Spielverläufe zu simulieren und somit den optimalen nächsten Zug zu bestimmen – Schach und Go hingegen sind derart komplex, dass selbst die schnellsten Computer hier in die Knie gehen. Aus diesem Grund kann bei diesen Spielen nur eine bestimmte Anzahl von Zügen im Voraus simuliert werden; maschinelles Lernen wird genutzt, um gewisse Spielsituationen zu bewerten und einschätzen zu können, ob sie eher vorteilhaft oder nachteilhaft sind.

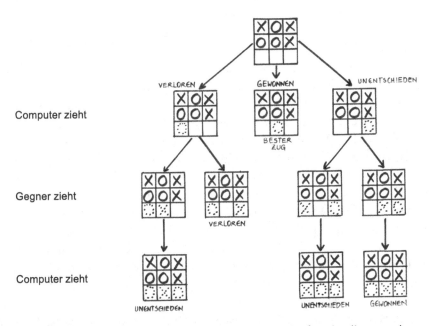

Abb. 16.3 Wie bei „Tic-Tac-Toe" die möglichen Spielverläufen simuliert werden und auf dieser Basis der nächste Zug bestimmt wird. (© PHBern: Magdalena Siegenthaler, Eckart Zitzler)

Wie ein Computer erfindet

Kreativität hat etwas damit zu tun, neue, bislang nicht vorhandene Lösungswege zu finden – und umfasst natürlich noch viel mehr. Das oben erwähnte Lernprogramm beweist das ja in gewisser Hinsicht: Es kreiert einen neuen Informationsverarbeitungsvorgang, um z. B. Gesichter bestimmter Menschen zu erkennen. Dabei geht es darum, aus einer Menge von Möglichkeiten, also verschiedenen Verarbeitungsvorgängen, einen möglichst geeigneten auszuwählen, also ein Programm, das Gesichter möglichst gut erkennt. Das Thema ist die Suche in großen Mengen, und dafür gibt es verschiedene Suchverfahren, die auf einem Computer realisiert werden können. Der Vorteil des Computers: Er kann im Gegensatz zum Menschen viele Möglichkeiten in Sekundenbruchteilen analysieren. So hat man vor einigen Jahren bei der NASA ein kleines Experiment durchgeführt. Es galt eine Antenne für einen Satelliten zu entwerfen. Man beauftragte eine Gruppe von Ingenieuren, mit ihrem Know-how solch eine Antenne zu konstruieren. Gleichzeitig setze man einen Computer auf das Problem an, der sich dafür eines außergewöhnlichen Suchverfahrens bediente: Er ahmte die natürliche Evolution nach.

Der Computer startete mit einem Satz an möglichen Antennendesigns und kreierte auf dieser Basis fortlaufend neue. Mal wählte er zwei Designs und kombinierte sie; mal nahm er ein Design und veränderte es leicht – dabei machte er explizit vom Zufall Gebrauch. Gleichzeitig entledigte er sich der schlechteren Designs und entfernte sie kontinuierlich aus dem aktuellen Experimentiersatz. So wurde ein Evolutionsprozess nachgeahmt, siehe Abb. 16.4. Lässt man diesen Prozess – man spricht auch von Evolutionären Algorithmen – ausreichend lange laufen, entstehen mit der Zeit immer bessere Designs. Im erwähnten Beispiel war es tatsächlich so, dass der Computer mit einer neuartigen, besseren Lösung daherkam; sein Antennendesign war dem Vorschlag der NASA-Ingenieure überlegen. Ob der Computer jetzt hier kreativ war, darüber lässt sich streiten – er hat doch schließlich nur zufällig im Heuhaufen gestochert. Doch es zeigt das Prinzip auf, wie mittels geschickter Suchverfahren neuartige Lösungswege gefunden werden können.

Zum Schluss sei noch der Hinweis angebracht, dass die Methoden der Künstlichen Intelligenz zumeist sehr rechenintensiv sind und entsprechend leistungsstarke Computer voraussetzen. Hier werden die Möglichkeiten des Internets oder von Computernetzwerken im Allgemeinen intensiv genutzt, um Rechenkapazitäten zusammenzulegen.

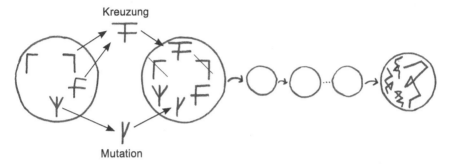

erste Designs per Zufall kreieren · neue Designs kreieren · schlechteste Designs entfernen · abwechselnd neue Designs kreieren und schechteste entfernen · bestes Design auswählen

Kreuzung

Mutation

Abb. 16.4 Wie ein Evolutionärer Algorithmus Antennen entwirft. Er startet mit zu-fällig erzeugten Antennendesigns, verändert und selektiert die Menge wiederholt und wählt am Schluss das beste erzeugte Design aus. (© PHBern: Magdalena Sie-genthaler, Eckart Zitzler)

Cool-down

Bei der Künstlichen Intelligenz geht es darum, einen Computer so zu program-mieren, dass er ein Verhalten zeigt, das wir allgemein als intelligent bezeich-nen. Dazu gehören Anpassungsfähigkeiten und Lernen, strategisches Voraus-schauen und Entscheiden, Entdecken neuer Lösungswege und vieles mehr. Wie wir exemplarisch gesehen haben, stecken auch hier Algorithmen dahinter. Diese können je nach Rechenleistung, die ihnen zur Verfügung steht, erstaun-liche Resultate hervorbringen, ja Programme können selbst Programme „erfin-den". Weil immer mehr möglich ist, könnte man den Eindruck gewinnen, dass es nichts gibt, was Computer nicht irgendwann einmal beherrschen werden. Aber auch ihnen sind Grenzen gesetzt: Nicht alles lässt sich berechnen, und das wird auch gezielt ausgenutzt, z. B. beim Verschlüsseln von Geheimbotschaften, wie wir im nächsten Kapitel sehen werden.

17

Die Meisterschaft der Codes

Warm-up

In der Informatik werden Codes verwendet, um Informationen so darzustellen, dass ein Computer sie verarbeiten kann. Doch es geht dabei noch um viel mehr. Es gibt Codes, mit denen man Unstimmigkeiten, die bei Übertragung von Datenpaketen aufgetreten sind, entdecken und korrigieren kann. Es gibt Codes, die nur sehr wenige Bits brauchen – und es gibt Algorithmen, die aus Daten die Luft rauslassen und die Anzahl der Bits minimieren. Und schließlich gibt es noch Codes, die nur für bestimmte Adressaten lesbar sind und so den Austausch geheimer Nachrichten ermöglichen. Fehlererkennung, Komprimierung und Kryptografie sind die Stichworte dieses Kapitels. Schauen wir uns an, was dahintersteckt.

Ein faszinierender Code: unsere Sprache

Wenn sich beim Volleyball Spielerinnen mittels geheimer Handzeichen verständigen, dann verwenden sie einen Code. Wollen wir am Bankautomaten Geld ziehen, benötigen wir einen PIN-Code. In Spionagethrillern werden die Namen der Agenten durch Tarnnamen codiert und auf VIP-Partys gibt es einen „Dresscode". Ein Code trennt also diejenigen, die vom Code Kenntnis haben, von den anderen, doch ein Code muss nicht notwendigerweise geheim sein. Zunächst einmal ist ein Code nichts anderes als ein System von vereinbarten Zeichen, mit dem wir Informationen darstellen und austauschen. Zeichen können dabei Gesten, Laute, Schriftzeichen oder ganz allgemein unterscheidbare Markierungen sein. Die Gesamtheit der Zeichen, die einer Darstellung zugrunde liegt, nennt man Zeichenvorrat.

© Springer-Verlag GmbH Deutschland, ein Teil von Springer Nature 2025
E. Zitzler, *Basiswissen Informatik,* https://doi.org/10.1007/978-3-662-70121-8_17

Unsere Sprache ist ein Code, wenn auch ein äußerst komplexer. In der Schriftsprache umfasst der Zeichenvorrat Klein- und Großbuchstaben sowie Satzzeichen, in der Lautsprache sind es Phoneme, also Lautelemente, die zu Wörtern kombiniert werden; Wörter werden zu Sätzen kombiniert und Sätze wiederum zu komplexen Aussagen. Mit unserer Sprache haben wir einen universellen Code zur Verfügung, um Informationen auszudrücken und darzustellen.

Unsere Sprache erlaubt es allerdings auch, „heiße Luft" aufzunehmen: Es werden viel mehr Wörter verwendet als nötig. „Es war nur heiße Luft", sagen wir, wenn jemand viel geredet hat, ohne dabei wesentliche Informationen zu vermitteln. In der Politik werden unangenehme Aussagen oft in einer „Wolke heißer Luft" versteckt. Doch heiße Luft ist nicht per se negativ, im Gegenteil: Ein großer Vorteil, wenn wir etwas mit vielen Wörtern beschreiben, ist, dass wir Schreib- oder Sprechfehler gut erkennen und problemlos korrigieren oder sogar ignorieren können. Dem stehen sprachliche Kunstformen entgegen, bei denen jedes Wort zählt. Gedichte verdichten häufig Erfahrungen oder Erkenntnisse und bringen diese auf den Punkt; manchmal werden sogar Aspekte absichtlich ausgelassen, um Doppeldeutigkeiten und Interpretationen zu ermöglichen. Oder es gibt Warnhinweise oder Anweisungen wie „Stopp", deren Darstellung auf das absolut Nötigste reduziert ist und die so schnell erfasst werden können, wie es z. B. bei Verkehrsschildern erforderlich ist. Heiße Luft kann also bewusst hinzugefügt oder gezielt entfernt werden (Abb. 17.1). Und schließlich verändern wir die sprachliche Information manchmal auch bewusst so, dass sie für Uneingeweihte unverständlich wird – das Stichwort

Abb. 17.1 Sprachliche Informationen können wir bewusst aufplustern, reduzieren und verschlüsseln. (© PHBern: Magdalena Siegenthaler, Eckart Zitzler)

lautet Geheimsprache. Diese drei Möglichkeiten nutzt man in der Informatik ebenfalls; dort heißen sie fehlererkennende und -korrigierende Codes, Kompression und Kryptografie.

Codes, die robust gegenüber Fehlern sind

Eine zentrale Frage beim Entwurf eines Codes ist, wie viele Nullen und Einsen nötig sind, um die erforderliche Informationsmenge darzustellen. Zumeist ist man an kompakten Codes interessiert, vor allem bei der Speicherung und der Übertragung von Daten. Manchmal wählt man jedoch absichtlich Codierungen, die überflüssige Zeichen enthalten. Ziel dabei ist, eventuelle Fehler, die bei der Speicherung oder Übertragung hin und wieder auftreten, erkennen und möglicherweise sogar korrigieren zu können. Wir könnten beispielsweise ein Datenpaket, das innerhalb eines Netzwerks von Annes Computer an Bobs Computer übermittelt werden soll, gleich dreimal hintereinander verschicken. Was das bringen soll? Nun, wenn Fehler bei der Übertragung – eine Null wird fälschlicherweise zu einer Eins auf dem Weg oder umgekehrt – relativ selten sind, dann kann man davon ausgehen, dass mindestens zwei der drei Datenpakete korrekt übertragen werden. Indem Bob schließlich alle drei Datenpakete miteinander vergleicht, weiß er, dass die zwei identischen Pakete das Original von Anne repräsentieren.

Es gibt allerdings geschicktere Methoden, als die Daten einfach zu replizieren. Schauen wir uns dazu einen Zaubertrick an: Auf einem Tisch sind fünf Karten aneinandergereiht; jede besitzt eine schwarze und eine weiße Seite; welche gerade oben liegt, spielt keine Rolle. Wir wollen nun erkennen können, ob jemand heimlich eine der Karten umgedreht hat. Das lässt sich erreichen, indem wir eine sechste Karte hinzufügen und sie so hinlegen, dass die Anzahl der schwarzen Seiten eine gerade Zahl ergibt, wie in Abb. 17.2 links zu sehen. Dieses Konzept wird Parität genannt. Wenn nun eine Karte umgedreht wird, dann verändert sich die Anzahl der schwarzen Seiten, sie wird ungerade. Solche Fehler lassen sich also erkennen – wenn jedoch zwei Karten umgedreht werden, lässt sich das nicht ablesen. Einen Fehler erkennen ist das eine, doch lässt er sich auch korrigieren? In Abb. 17.2 rechts ist zu sehen, wie so etwas funktioniert. Wir ordnen 25 Karten in einem Quadrat an und ergänzen dann oben und rechts eine Reihe bzw. Spalte. Die zusätzlichen Karten haben pro Reihe bzw. Spalte die gleiche Funktion wie die sechste Karte im ersten Beispiel. Und siehe da: Wenn jetzt eine beliebige Karte umgedreht wird, lässt sich durch Überprüfung aller Reihen und

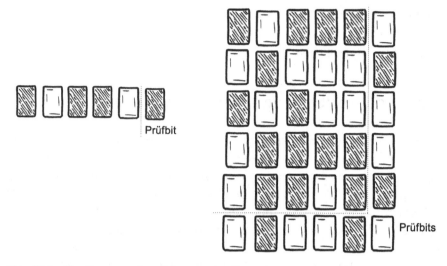

Abb. 17.2 Ein Kartenzaubertrick, um einzelne Veränderungen zu erkennen (links) und sogar zu korrigieren (rechts) – in Anlehnung an die Materialsammlung CS Unplugged (https://csunplugged.org). (© PHBern: Magdalena Siegenthaler, Eckart Zitzler)

Spalten erkennen, welche Karte umgedreht wurde. Es ist diejenige, in der sich fehlerhafte Reihe und fehlerhafte Spalte kreuzen.

Solche fehlererkennenden und -korrigierenden Codes werden z. B. bei Speicherdiensten in der Cloud eingesetzt, um die Datensicherheit zu erhöhen. Das Kartenbeispiel illustriert, wie Datenpakete durch Zusatzbits robuster gegenüber Fehlern gemacht werden können. Die ursprünglichen Karten auf dem Tisch stehen für ein Datenpaket, jede Karte für ein Bit; die später ergänzten Karten repräsentieren Prüfbits, um die Parität zu kontrollieren. Wenn nun die einzelnen Bits eines Datenpakets auf verschiedenen Massenspeichern abgelegt werden, dann kann einer der Massenspeicher problemlos ausfallen. Das verlorene gegangene Bit kann mittels des obigen fehlerkorrigierenden Codes wiederhergestellt werden.

Die Luft rauslassen

Prüfbits stehen für die erwähnte heiße Luft, die wir Daten hinzufügen. Bei der Datenkomprimierung geht es darum, die Luft rauszulassen: Hier sollen Daten verdichtet, also die Länge einer 0–1-Sequenz reduziert werden. Warum ist das überhaupt nötig, warum konzipiert man nicht von vorneherein kompakte Codes? Nun, zum einen ist die Kompaktheit eines Codes nur ein Aspekt, und die Geschwindigkeit, mit der er verarbeitet werden kann, ist ein weiterer, häufig widersprechender Gesichtspunkt. Zum anderen lässt sich ja nicht vorhersehen, welche Zeichenfolgen bzw. Daten mit diesem Code erzeugt werden. Selbst wenn wir einen für die deutsche Sprache optimal zugeschnittenen Buchstabencode einsetzen: Jeder Text ist anders und erfordert für eine minimale Codierung einen individuell zugeschnittenen Code. Aus diesem Grund gibt es eine Vielzahl von Komprimierungsverfahren, die Zeichenfolgen umcodieren und so die Darstellung verkürzen.

Ein einfaches Verfahren, an dem sich die Idee der Komprimierung gut illustrieren lässt, ist die Lauflängencodierung. Sie fasst direkt aufeinanderfolgende Wiederholungen von Zeichen zusammen, und zwar in einem Paar, das die Anzahl der Wiederholungen und das Zeichen selbst darstellt. In Abb. 17.3 links sehen Sie, wie ein schwarzweißes Rasterbild per Lauflängenkodierung komprimiert dargestellt werden kann. Wichtig dabei: Die Bildpunkte werden von oben nach unten und von links nach rechts durchgegangen, wobei das Ende einer Zeile nahtlos an den Anfang der nächsten Zeile anschließt. Die Lauflängencodierung ist ein schnell durchführbares Verfahren, doch in der Regel ist die Datenkomprimierung mit Aufwand verbunden. Man setzt sie daher sehr gezielt ein, vor allem dann, wenn große

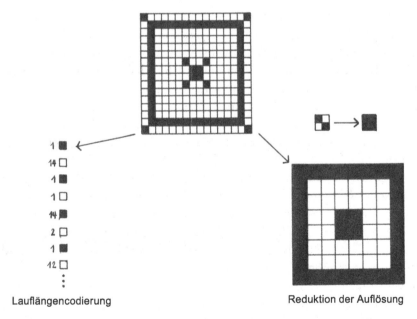

Lauflängencodierung   Reduktion der Auflösung

Abb. 17.3 Wie ein Rasterbild verlustfrei (links) und verlustbehaftet (rechts) komprimiert werden kann. (© PHBern: Magdalena Siegenthaler, Eckart Zitzler)

Datenmengen anfallen und der Speicherbedarf oder die Übertragungsgeschwindigkeit im Vordergrund steht. Die Lauflängenkodierung ist ein Beispiel für eine verlustfreie Komprimierung, d. h., die Originaldaten lassen sich vollständig rekonstruieren.

Bei der verlustbehafteten Komprimierung ist das nicht mehr möglich. Wenn wir z. B. ein Rasterbild komprimieren, indem wir einfach das Raster vergröbern und jeweils Bildpunkte zusammenfassen (siehe Abb. 17.3 rechts), dann wissen wir nachher nicht mehr, wie die ursprünglichen Bildpunkte belegt waren. Bei hochaufgelösten Bildern ist das meistens auch kein Problem, wenn sie nur für das Web eingesetzt werden – ein Poster lässt sich dann daraus aber nicht mehr produzieren, weil die Auflösung nachträglich nicht wieder erhöht werden kann.

Geheimnisse teilen

Geheimcodes und Chiffren haben natürlich eine lange Tradition, und die Anfänge der Kryptografie reichen weit in die Geschichte der Menschheit zurück. Julius Caesar z. B. soll eine Verschlüsselungsmethode eingesetzt haben, bei der jeder Buchstabe durch den überübernächsten Nachfolger im Alphabet ersetzt wird – dabei ergibt sich quasi eine Verschiebung des Gesamtalphabets, die nicht nur drei Positionen, sondern beliebige Distanzen umfassen kann. Im 15. Jahrhundert wurde dieses Prinzip verallgemeinert mittels Chiffrierscheiben, bei denen die Buchstaben des Alphabets auf andere Zeichen, z. B. wiederum Buchstaben oder willkürliche Symbole, abgebildet werden (siehe Abb. 17.4). Die Information, um wie viele Positionen das Alphabet verschoben wurde, ist quasi der Schlüssel, mit dem der chiffrierte Text wieder entschlüsselt werden kann. Die Caesar-Chiffre ist allerdings leicht zu knacken: Nach maximal 25 Versuchen sehen wir, wie der Originaltext lautet.

Die Caesar-Chiffre illustriert das Prinzip, das auch bei computergestützten Verschlüsselungsverfahren zur Anwendung kommt: Sie liefert uns einerseits eine Methode – einen Verschlüsselungsalgorithmus –, um einen Text oder andere Daten unkenntlich zu machen, und andererseits eine Zusatzinformation – den Schlüssel –, die beim Verschlüsseln genutzt wird und das Entschlüsseln ermöglicht. Es gibt verschiedenste Verschlüsselungsverfahren, wobei häufig die Länge des Schlüssels, d. h. die Anzahl der Bits, für die Sicherheit entscheidend ist. Ein weit verbreiteter Algorithmus ist AES (*Advanced Encryption Standard*), dessen Schlüssel bis zu 256 Bits lang sein können. Ein Problem mit AES und anderen Verfahren: Man muss zuerst auf

ein Schlüssel   zwei komplementäre Schlüssel

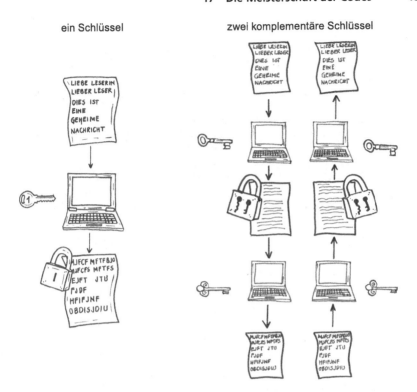

Abb. 17.4 Eine einfache Chiffriermethode mit einem Zahlenschlüssel (links) und ein Verschlüsselungsverfahren mit zwei komplementären Schlüsseln (rechts). (© PHBern: Magdalena Siegenthaler, Eckart Zitzler)

sicherem Weg die Schlüssel austauschen, wenn man beispielsweise über das Internet sicher kommunizieren will. Dafür gibt es wiederum Verschlüsselungsverfahren, die mit zwei komplementären Schlüssel arbeiten (Abb. 17.4 rechts): Eine Nachricht, die mit dem einen Schlüssel chiffriert wurde, kann nur mit dem anderen Schlüssel dechiffriert werden – und umgekehrt. Warum das hilft? Weil nun jeder Teilnehmer im Internet solch einen zweiteiligen Schlüssel erzeugen kann, wobei er einen Teil geheim hält und den anderen öffentlich verfügbar macht. Will nun Anne an Bob eine Nachricht schicken, so verwendet sie seinen öffentlichen Schlüssel zur Chiffrierung – und nur Bob, der den komplementären privaten Schlüssel kennt, kann die Nachricht dechiffrieren und lesen. Das ist die Idee hinter der sogenannten Public-Key-Kryptografie. Wer sich damit im Detail beschäftigt, wird tatsächlich Meisterin bzw. Meister der Codes: Kryptografie ist mathematisch ziemlich anspruchsvoll. Verschlüsselung ist aber auch deswegen eine Meisterschaft, weil sich hier Codeentwickler und Codeknacker in einem ständigen Wettlauf miteinander befinden.

Cool-down

Codes sind Vorschriften, wie Informationen mittels eines Satzes an Zeichen dargestellt werden können. Manche Codes sind kompakt, benötigen also nur wenige Nullen und Einsen, während andere viel mehr Bits verwenden, als nötig wären. Letzteres macht dann Sinn, wenn die Gefahr besteht, dass bei der Speicherung oder Übertragung von Daten aus Versehen Bits verändert und die Daten verfälscht werden. Mit fehlererkennenden Codes lassen sich Verfälschungen bis zu einem gewissen Maß erkennen, bei fehlerkorrigierenden Codes sogar beheben. Demgegenüber versuchen Komprimierungsmethoden die Anzahl der Bits zu minimieren, die für die Darstellung von Informationen benötigt werden. Und schließlich gibt es noch Verschlüsselungsverfahren, mit denen Daten so verändert werden können, dass sie von Dritten nicht gelesen werden können. Es geht dabei um das Thema Sicherheit, das wir uns nun im letzten Kapitel noch genauer anschauen wollen.

Bildquellen

CS Education Research Group, University of Canterbury, Neuseeland, https://classic.csunplugged.org/error-detection/ (abgerufen am 17.12.2024)

18

Warum Computer gefährdet sind – die Frage der Sicherheit

Warm-up

Je mehr Computer unseren Alltag durchdringen, desto mehr sind wir von ihnen abhängig und auf sie angewiesen: bei der Arbeit, zu Hause, auf Reisen, allgemein beim Kommunizieren usw. Das Internet hat sich schon längst als riesiges Nervensystem der Erde etabliert, das unzählige Computer miteinander koppelt, koordiniert und so zu mächtigen Informatiksystemen zusammenschließt. Umso weitreichender können die Auswirkungen sein, wenn diese so selbstverständliche Infrastruktur außer Gefecht gesetzt wird oder nicht mehr das tut, was sie eigentlich soll. Die Gefahren der realen Welt finden sich auch in der virtuellen wieder: Auch dort gibt es Schädlinge, Schaftsoftware, die Computersysteme befällt und dort beträchtlichen Schaden anrichten kann. Doch wie geht das eigentlich? Und wie kann man sich schützen?

Gefahren lauern überall

Das Leben ist an sich permanent gefährdet. Wenn wir uns nur vor Augen führen, wie viele Vorgänge gleichzeitig in unserem Körper ablaufen, so ist es eigentlich ein Wunder, dass wir leben. Da kann ja ständig etwas passieren, z. B. können die DNA-Moleküle in unseren Zellen beschädigt werden, weshalb sie pausenlos geprüft und repariert werden. Außerdem ist unser Körper oder generell jeder Organismus verschiedensten Umwelteinflüssen ausgesetzt, gegenüber denen er sich behaupten muss. Und Lebewesen sind gefährdet durch andere Lebensformen: Da sind die Jäger und die Gejagten, zwischen denen sich über die Zeit komplexe Abhängigkeiten und Hi-

© Springer-Verlag GmbH Deutschland, ein Teil von Springer Nature 2025
E. Zitzler, *Basiswissen Informatik*, https://doi.org/10.1007/978-3-662-70121-8_18

erarchien entwickelt haben. Daneben gibt es Organismen und Erreger, bei denen andere Lebewesen nicht nur Energiequellen, sondern Lebensräume sind. Viren beispielsweise betreiben selbst keinen Stoffwechsel und benötigen einen Wirt, um sich reproduzieren zu können. Sie bestehen einzig aus einem DNA-Molekül und einer Proteinschutzhülle, das war's. Deswegen betrachten wir diese auch nicht als Lebewesen, sie werden erst durch ihren Wirt lebendig. Bakterien und weitere Krankheitserreger funktionieren wiederum anders.

Die Konsequenz: Organismen mussten Schutzmechanismen entwickeln, um sich gegen äußere Bedrohungen zu wehren. Und wir Menschen als überaus komplexe Lebewesen besitzen verschiedenste davon (Abb. 18.1). Es beginnt schon bei unserem Erbgut, den DNA-Molekülen, die in jeder unserer Zellen vorhanden sind. Der auf der DNA codierte Bauplan ist in den Zellkernen gelagert und durch eine Membran vom Rest der Zelle abgegrenzt. Auch die Zelle als solche ist durch eine Zellwand von der Umwelt abgetrennt und kann nur durch spezielle Zugänge in dieser Zellwand Stoffe hinein- oder heraustransportieren. Und unsere Haut schottet unseren Körper als Ganzes gegenüber der Umwelt ab, Nahrung nehmen wir über den Mund auf, Sauerstoff führen wir über Nase oder Mund zu und dabei bilden die Atemwege Schleusen, die Schädigungen abhalten sollen. Auch unsere inneren Organe sind speziell gesichert, ganz besonders das Gehirn: nach außen durch eine Knochenhülle und nach innen durch mehrere Hirnhäute und die Blut-Hirn-Schranke. Und schließlich besitzen wir noch eine interne Polizei, die Fremdkörper identifiziert und beseitigt, nämlich unser Immunsystem.

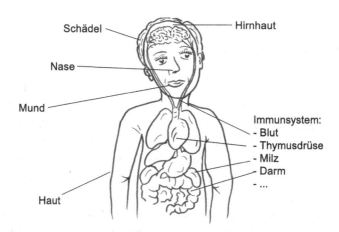

Abb. 18.1 Schutzmechanismen beim Menschen. (© PHBern: Magdalena Siegenthaler, Eckart Zitzler)

Wir sehen: Grundlegende Schutzmechanismen – Schutzhüllen und Zugangskontrollen – finden wir eigentlich auf allen Ebenen unseres Organismus wieder. Für jede weitere Komplexitätsstufe kamen weitere Sicherheitsvorrichtungen hinzu.

Von Häuten

Dass auch Computersysteme gefährdet sein können, trat erst mit der Zeit ins Bewusstsein der Öffentlichkeit, auch wenn es eigentlich auf der Hand liegt. Weil Software eine so große Flexibilität bietet, lässt sich damit auch nahezu alles machen – im positiven wie im negativen Sinne. Sobald ein Programm auf einem Computer ausgeführt wird, kann dieses Dinge tun, die der Benutzer so nicht beabsichtigt. Es können Daten unberechtigt ausgelesen, gesammelt und weitergeleitet werden, oder schlimmer: Daten werden manipuliert, durch Verschlüsselung gesperrt oder gelöscht. Oder der Betrieb des Computers kann beeinträchtigt oder blockiert werden. Ein Wunder ist es also nicht, dass sich Schadprogramme schreiben lassen, die ein unerwünschtes oder sogar schädliches Verhalten an den Tag legen. Und dass diese auch eingesetzt werden, erstaunt ebenfalls nicht, schließlich ging es bei der automatisierten Informationsverarbeitung von Anfang an immer auch um militärische und kommerzielle Anwendungen. Man muss sich nur vor Augen halten, dass die ersten Computer während des Zweiten Weltkriegs entwickelt wurden und dass das ARPANET, der Vorläufer des Internets, aus einem Projekt des amerikanischen Verteidigungsministeriums heraus entstanden ist. Nein, die Frage ist eher: Warum sollte man Schadsoftware überhaupt zur Ausführung bringen, wenn sie das System doch zum Erliegen bringen kann?

Ein möglicher Grund: Das ausgeführte Programm ist fehlerhaft, und zwar unbeabsichtigt. Es enthält einen Softwarefehler, einen sogenannten *Bug*. Wie gefährlich das sein kann, demonstrierte die Ariane 5. Diese europäische Trägerrakete stellte sich bei ihrem Erstflug 1996 eine halbe Minute nach dem Start quer und sprengte sich anschließend selbst; der Grund waren diverse Konstruktionsfehler bei der Steuerungssoftware. Leider lassen sich solche Fehler nicht automatisiert ausschließen, quasi mit einer Prüfsoftware – das kann man theoretisch zeigen, allerdings nicht in Kürze erklären. Ein weiterer Grund: Jemand will tatsächlich Sabotage betreiben. In diesem Fall muss solchen Personen der Zugriff zu einem Computersystem verwehrt werden. Früher war die Lösung einfach, man konnte einen Rechner einfach in einem Raum verschließen und so von der Umwelt abschotten, doch mit

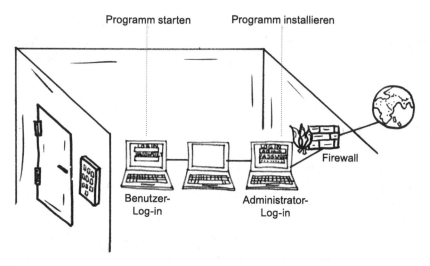

Abb. 18.2 Wie der Zugang zu Computern geschützt wird – z. B. durch räumliche Schutzmaßnahmen, Benutzerkontrollen durch Log-in und unterschiedliche Berechtigungen, Filterung von Datenpaketen aus dem Internet (Firewall). (© PHBern: Magdalena Siegenthaler, Eckart Zitzler)

dem Internet bedarf es anderer Ansätze. Ebenso wie der Mensch verfügen Computersysteme über Schutzhüllen, die sie von der Außenwelt abgrenzen; Interaktionen mit der Umwelt erfolgen nur über kontrollierte Zugänge (Abb. 18.2). Einer der ältesten Schutzmechanismen ist die Benutzerkontrolle. Personen müssen sich über ein Passwort oder andere individuelle Zugangsdaten ausweisen und können den Computer erst bei korrekter Identifikation nutzen. Wie bei der Haut oder einer Zellwand wird nur ausdrücklich Bekanntes hindurchgelassen. Zudem können die Rechte von Benutzern, was sie auf dem jeweiligen Computer anstellen dürfen, beschränkt werden. Nur einem eingegrenzten Personenkreis – den Administratoren, die für den Unterhalt des Computersystems verantwortlich sind – stehen alle Rechte zu.

Von Viren

Sabotage kann jedoch viel subtiler sein: Der Benutzer führt ein Programm aus und weiß gar nicht, dass es einen schädlichen Anteil enthält. Das ist bei Computerviren der Fall, jenen kleinen Programmen, die sich unbemerkt auf einem Computer einnisten und dort ihr Unwesen treiben können. Die ersten Viren wurden 1976 entwickelt, als Massenphänomen traten sie jedoch erst ab den 1990er-Jahren in Erscheinung. Die Bezeichnung „Virus" ist in diesem Fall sehr zutreffend, denn ein Virus-Schadprogramm muss sich erstens einschleusen, zweitens zur Ausführung kommen, sich drittens einnisten und viertens verbreiten – wie sein biologisches Pendant. Viren können sich auf einem Computer aktiv vervielfältigen, aber die Verbreitung auf andere Rechner geschieht passiv und muss durch Benutzer erfolgen, die Daten von einem System zum anderen weiterreichen (Abb. 18.3).

Mit dem Aufkommen von Computernetzwerken trat eine weitere Form von Schadsoftware in Erscheinung, die selbstständig versucht, andere Computer zu infizieren: Die Rede ist von den Würmern. Die ersten Würmer verbreiteten sich per E-Mail. Sie versendeten vom befallenen Computer aus E-Mails an im Adressbuch aufgeführte Empfänger und hängten verseuchten Programmcode an, in der Hoffnung, die Empfänger würden den Anhang öffnen und dadurch die Ausführung des Schadcodes auf ihrem Computer auslösen. Später wurden die Methoden, mit denen die Möglichkeiten des Internets auf destruktive Weise genutzt werden, immer ausgeklügelter.

Sie sehen, die Möglichkeiten, ein Computersystem zu kompromittieren, sind vielfältig. Neben Viren und Würmern gibt es weitere Arten von Schadsoftware, z. B. Trojanische Pferde, bei denen ein nützliches Programm einen bewusst eingebauten schädlichen Teil enthält. Häufig werden

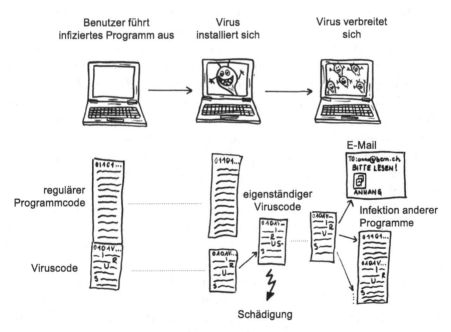

Abb. 18.3 Wie sich Computerschadsoftware in anderen Programmen einnisten und verbreiten kann. (© PHBern: Magdalena Siegenthaler, Eckart Zitzler)

Schadprogramme auch nach der Art der Schädigung unterschieden: Spyware zeichnet das Nutzerverhalten auf, um diese Daten unberechtigterweise, z. B. für Werbung, zu verwenden; Ransomware verschlüsselt Dateien auf einem Computer und verlangt für die Entsperrung ein Lösegeld. Und diese Bedrohungen nehmen zu, weil Computer in nahezu allen Umgebungen eingesetzt werden und vom Internet abhängig sind.

Vom Cyberkrieg

Das Internet hat die Problematik der Sicherheit tatsächlich massiv verstärkt, denn Schadsoftware kann sich über ein Netzwerk nicht nur schneller verbreiten, sondern zudem einen Peer-to-Peer-Verbund bilden und somit eine massive Zerstörungskraft entwickeln. Man spricht in diesem Zusammenhang von einem Botnet, wobei dieser Begriff ganz allgemein für eine koordinierte Gemeinschaft von verteilten, autonom agierenden Computerprogrammen (den Bots, abgeleitet von dem englischen Wort *robots*) steht. Dabei wird eine sehr große Zahl von Computern durch Hacker mittels Viren oder Würmern gekapert und für kriminelle Zwecke eingesetzt – ohne dass die Besitzer etwas davon wissen oder mitbekommen. Das Botnet, welches Hunderttausende bis viele Millionen Bots umfassen kann, wird über eine Kommandozentrale, einen Command-and-Control-Server, gesteuert. So können beispielsweise Server und Internetdienste außer Gefecht gesetzt werden. Alle gekaperten Computer überfluten einen Server mit Anfragen und legen so den durch ihn erbrachten Dienst lahm (Abb. 18.4). Einerseits wird dadurch der Server überlastet, andererseits der Durchsatz im Netzwerk reduziert; in letzter Konsequenz könnten dann Anfragen regulärer Nutzer nur noch eingeschränkt oder gar nicht mehr beantwortet werden. Diese Art von Angriff wird *denial of service* genannt: Ein Angreifer versucht einen Server in die Knie zu zwingen, sodass dieser Anfragen verweigern und seinen Dienst einstellen muss.

Natürlich hat man auch in Netzwerken verschiedenste Sicherheitsmaßnahmen eingeführt. Firewalls sind Zugangskontrollen für Subnetzwerke und bilden quasi einen Feuerschutzwall um ein lokales Netzwerk oder einen Computer. Firewalls – sie können beispielsweise auf Routern oder Endgeräten installiert sein – kontrollieren den Datenverkehr und lassen nur zulässige Pakete hindurch. Auf diese Weise können lokale Netzwerke geschützt und sensible Ressourcen wie z. B. ein Dateiserver von der Umwelt abgeschottet

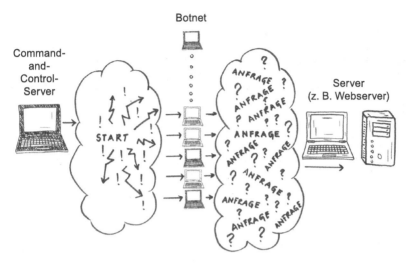

Abb. 18.4 Wie mehrere Computer einen Server lahmlegen können. (© PHBern: Magdalena Siegenthaler, Eckart Zitzler)

werden. Damit ein Zugriff von außen trotzdem möglich ist, wurde das Konzept des virtuellen Tunnels eingeführt. Dabei wird ein externer Computer über eine verschlüsselte Verbindung zu einem Router in ein lokales Netzwerk eingebunden und kann so auf geschützte Ressourcen wie einen Dateiserver zugreifen.

Man versucht so, Unberechtigten den Zugang zu einem Computer und Netzwerk zu verwehren und die Einflussmöglichkeiten von Schadsoftware zu begrenzen. Doch im Endeffekt läuft es auf einen permanenten Wettlauf zwischen Angriffs- und Abwehrmechanismen hinaus. Es ist zu erwarten, dass mit der Zeit das Abwehrsystem eines Computers immer komplexer wird – das menschliche Immunsystem macht es vor. Tatsächlich hat man schon mit Imitationen des menschlichen Immunsystems gearbeitet, um fremde Datenpakte in einem Netzwerk zu erkennen und auszusortieren.

Cool-down

Die schöne heile Welt gibt es auch beim Computer nicht. Informatiksysteme sind permanent gefährdet und müssen gegen unerlaubte Zugriffe und Angriffe von außen geschützt werden. Gerade weil wir immer abhängiger von ihnen werden und unser ganzer Alltag davon betroffen ist. Es gibt verschiedenste Zugriffskontrollen wie Benutzer-Log-ins, Firewalls usw., um Saboteure abzuhalten. Vielfach treibt aber subtil eingeführte Schadsoftware, von der die Benutzer gar nichts wissen, ihr Unwesen: Viren, Würmer, Trojaner etc. Befallene Computer können von Hackern zu einem destruktiven Botnet zusammengeschlossen werden und somit einen massive, koordinierte Destruktivität entwickeln. Das kann Teile der Infrastruktur einer Gesellschaft lahmlegen – oder sie manipulieren. Cyberkrieg ist also kein Science-Fiction mehr, sondern Realität.

Teil IV

Orientieren

19

Informatik – quo vadis?

Warm-up

Damit sind wir am Ende dieses Buchs angelangt – aber natürlich nicht am Ende der Informatik. In diesem Kapitel können Sie exemplarisch in vier aktuelle Forschungsthemen eintauchen, die vielfach diskutiert werden und weitreichende Auswirkungen haben können, also nicht nur technologische Fortschritte darstellen, sondern auch gesellschaftliche Veränderungen nach sich ziehen: Deep Learning, Blockchains, Quantum Computing und Immersive Reality. Es geht dabei um lernende Informatiksysteme – im nächsten Kapitel werden diese noch weiter vertieft –, um demokratische Datenbanken, um neuartige Rechnertechnologien und um sich wandelnde Interaktionsmöglichkeiten mit Computersystemen. Vorher werfen wir noch einmal einen Blick zurück auf die Themen, die wir gestreift haben, und schauen uns an, wie diese zusammenhängen und die Fachdisziplin der Informatik aufspannen.

Die Informatik als Fachdisziplin

Egal ob Sie nun durchgängig alle Kapitel oder nur Teile gelesen haben: Sie konnten einen Eindruck davon gewinnen, mit welchen Themen sich die Informatik beschäftigt und welche Konzepte modernen Informatiksystemen zugrunde liegen. Die fundamentalen Ideen, die Ihnen begegnet sind, können Sie sich wie Leuchttürme in der Landschaft der automatisierten Informationsverarbeitung vorstellen. Doch klar ist auch, dass wir diese hier nur überfliegen und nicht im Detail in Augenschein nehmen konnten. Macht aber nichts, schließlich war das Ziel ein Basiswissen, um all die Vorgänge hinter den Kulissen der digitalen Welt besser zu verstehen. Und sicherlich

© Springer-Verlag GmbH Deutschland, ein Teil von Springer Nature 2025
E. Zitzler, *Basiswissen Informatik*, https://doi.org/10.1007/978-3-662-70121-8_19

werden Ihnen einige Eindrücke geblieben sein, anderes haben Sie beim Lesen vielleicht nur am Rande wahrgenommen. Das ist so, wenn man neues Terrain erkundigt. Werfen wir doch noch einmal einen Blick zurück auf die Themen, die in den vergangenen Kapiteln gestreift wurden, und verorten sie in dieser Landschaft: Wie fügt sich das eine in das andere, wie hängt alles zusammen?

Auf der einen Seite haben wir uns mit den Grundlagen der Computerhardware beschäftigt und uns angeschaut, wie Informatiksysteme aufgebaut sind. Die Basis bilden digitale Schaltungen, die Muster von Nullen und Einsen elektrisch verarbeiten. Aus ihnen ist das Herzstück eines Computers, der Prozessor, aufgebaut, den man sich wie eine Minifabrik zur Verarbeitung von Daten vorstellen kann. Damit daraus ein eigenständiger Computer wird, braucht es noch viele weitere Komponenten – die Rechnerarchitektur bestimmt, wie all diese Einzelteile angeordnet und miteinander verbunden sind. Viele Computer sind jedoch als solche gar nicht erkennbar, sondern verrichten als eingebettete Systeme in unzähligen Geräten unsichtbar ihren Dienst. Sie interagieren über Sensoren und Aktoren mit ihrer Umwelt. Und wenn viele Computer über Leitungen oder Funk miteinander kommunizieren, ergibt sich ein Rechnernetz – es muss nicht gleich das Internet sein. Mehrere vernetzte Computer bilden dann verteilte Informatiksysteme, wie es uns in Form des World Wide Web tagtäglich begegnet. Sie sehen: Schicht für Schicht bauen diese Themen aufeinander auf, jedes Mal ergeben sich neue Möglichkeiten, jedes Mal wird einer weitere Stufe der Komplexität erreicht. In Abb. 19.1 rechts sind die Zusammenhänge visualisiert. All die Aspekte, die mit der Computerhardware zu tun haben, werden klassischerweise in der Technischen Informatik behandelt, einem Teilgebiet der Informatik.

Auf der anderen Seite haben wir uns mit Software auseinandergesetzt, und auch hier gibt es verschiedene Ebenen (Abb. 19.1 links). Die Frage, wie Informationen mittels 0–1-Mustern codiert werden können, steht eigentlich am Anfang – seien es nun Zahlen, Buchstaben oder Rechenbefehle, die dargestellt werden sollen. Die Maschinensprache ist ein Code, der nur die zwei Symbole 0 und 1 kennt und quasi die Muttersprache eines Computers ist. Sie definiert die Befehle, aus denen Programme formuliert werden können, die der Computer ausführen kann. Das Betriebssystem ist schließlich das Programmpaket, das einen Computer erst benutzbar macht. Es erlaubt Programme zu laden, zu starten, zu beenden und gleichzeitig ablaufen zu lassen. Die höheren Programmiersprachen stellen eine weitere Stufe dar, um die Nutzung eines Computers zu vereinfachen. Sie ermöglichen es, Programme in menschenlesbarer Form und mit umfangreicheren Befehlen zu schreiben. Gute Programme fallen jedoch nicht vom Himmel, sondern

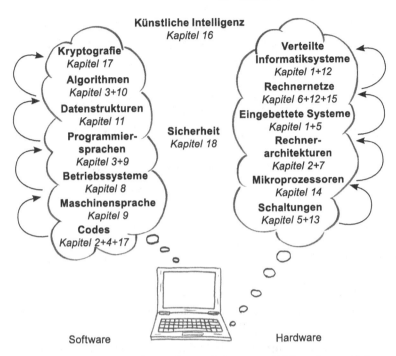

Künstliche Intelligenz
Kapitel 16

Kryptografie
Kapitel 17

Algorithmen
Kapitel 3+10

Datenstrukturen
Kapitel 11

Sicherheit
Kapitel 18

Programmier-
sprachen
Kapitel 3+9

Betriebssysteme
Kapitel 8

Maschinensprache
Kapitel 9

Codes
Kapitel 2+4+17

Verteilte
Informatiksysteme
Kapitel 1+12

Rechnernetze
Kapitel 6+12+15

Eingebettete Systeme
Kapitel 1+5

Rechner-
architekturen
Kapitel 2+7

Mikroprozessoren
Kapitel 14

Schaltungen
Kapitel 5+13

Software   Hardware

Abb. 19.1 Die im Buch gestreiften Informatikthemen mit Hinweisen auf die entsprechenden Kapitel. (© PHBern: Magdalena Siegenthaler, Eckart Zitzler)

man braucht Ideen, was ein guter Ablauf sein kann und wie Daten geordnet werden müssen, damit die Verarbeitung möglichst effizient abläuft. Algorithmen und Datenstrukturen bezeichnen ganz allgemein Strategien, wie sich Probleme automatisiert lösen lassen. In der Kryptografie kommen spezielle Algorithmen und Datenstrukturen zum Einsatz, um Nachrichten gesichert und geschützt austauschen zu können. Das Teilgebiet, das sich vornehmlich mit den Fragen der Software beschäftigt, nennt sich Praktische Informatik, vgl. Abb. 19.1 links.

Darüber hinaus haben wir uns Themen angeschaut, die sich nicht einfach der Technischen oder Praktischen Informatik zuordnen lassen. Die Künstliche Intelligenz nimmt insofern eine Sonderrolle ein, als dass sie viele Bezüge zu anderen Disziplinen wie z. B. Psychologie, Biologie und Neurologie aufweist und sowohl Hardware- als auch Softwareentwicklungen umfasst. Auch das Thema Sicherheit lässt sich nicht so klar verorten, weil es eigentlich in alle Teilgebiete hineinspielt und auf allen Ebenen Lösungen erfordert. Und schließlich gibt es viele Themen, die wir in diesem Buch gar nicht behandeln konnten. Beispielsweise alles, was in das Gebiet der Theoretischen Informatik hineinfällt. Die Theoretische Informatik beschäftigt sich u. a. damit, wie gut (effektiv) Algorithmen sind, wie gut sie theoretisch sein könnten (das spornt dazu an, bessere zu finden!), was sich berechnen lässt und was nicht. Und natürlich hat die Informatik noch viel mehr zu bieten. Allein die Fülle, die das ganze Feld der Computergrafik zu bieten hat, ist enorm.

Technische, Praktische und Theoretische Informatik stehen für die etablierten Kernfelder der Informatik, die sich im Detail rasant weiterentwickeln. Wenn Sie wissen möchten, was denn die aktuellen Themen sind, mit denen sich die Informatik beschäftigt, dann können Sie im Folgenden vier Beispiele für Forschungsfelder kennenlernen. Sie verkörpern Gebiete, die nicht nur für technologischen Fortschritt stehen, sondern auch ein hohes Potential haben, unser Leben nachhaltig zu verändern.

Deep Learning

Machen wir uns nichs vor: Programmieren ist beschwerlich. Je komplexer die Anwendungen, desto aufwändiger der Entwurf, die Implementierung und die Wartung der entsprechenden Informatiksysteme. Da wäre es doch praktisch, wenn der Computer sich gleich selbst programmierte oder er zumindest anpassungsfähig wäre. Diese Idee steckt hinter dem maschinellen Lernen, das wir in Kap. 16 gestreift haben: ein Lernprogramm übernimmt die Aufgabe der Programmiererin und generiert aus Beispielen Verarbeitungsabläufe. Dieser Ansatz bietet nicht nur den Vorteil, den Programmieraufwand reduzieren zu können, sondern vor allem lässt er sich für Aufgaben einsetzen, bei denen wir Menschen schlicht nicht wissen, wie ein zufriedenstellendes Programm für die Lösung aussähe. Letzteres ist recht häufig der Fall – bei vielen Aufgaben ist es schwer, entsprechende Algorithmen zu finden und umzusetzen. Zum Beispiel, wenn es darum geht, auf Bildern Gesichter zu erkennen. Für uns ist das ein Kinderspiel, aber einen Computer entsprechend zu programmieren, ist alles andere als einfach. Ähnlich verhält es sich mit unserer Muttersprache: Dass wir sie beherrschen, heisst noch lange nicht, dass wir sie Fremdsprachigen erklären, geschweige denn, einem Computer beibringen können – wir haben sie vielmehr im Gefühl. Künstliche neuronale Netze, eine von der Funktionsweise natürlicher Nervensysteme inspirierte Darstellungsform von Verarbeitungsabläufen, werden schon seit langem für solche Anwendungen eingesetzt, doch der Durchbruch kam mit neuen Erkenntnissen und Möglichkeiten, die unter dem Begriff Deep Learning zusammenfasst werden.

Die Erkennung von handgeschriebenen Ziffern gehört zu den Erfolgsgeschichten aus der Anfangszeit der künstlichen neuronalen Netze, allerdings stieß man mit den Methoden bald an Grenzen, die ihren Einsatz im großen Stil einschränkte. Es bedurfte mehrerer Faktoren, die zusammen eine neue Phase auf dem Gebiet der Künstlichen Intelligenz einläuteten und diese Art des maschinellen Lernens zum Mittel der Wahl werden ließen, wenn es um große, unstrukturierte Datensammlungen geht. Zum einen war da die rasante Verbreitung des Internets und die damit einhergehende Digitalisierung von Informationen: Je größer die Datenbasis, desto wirkungsvoller das maschinelle Lernen. Dann hat sich die verfügbare Rechenleistung massiv gesteigert, während die Kosten sanken. Spezifische Prozessoren für die Grafikverarbeitung, sogenannte GPUs (graphical processing units), spielen hier eine besondere Rolle; sie sind auf Berechnungen wie elementare Matrizenoperationen spezialisiert, die bei künstlichen neuronalen Netze zentral sind. Und schließlich wurde die Methodik, wie künstliche neuronale Netze generiert werden, verbessert. Wenn entsprechende Datenbestände und Rechenkapazitäten vorhanden sind, lassen sich heutzutage komplexe vielschichtige Netze erzeugen, die Hierarchien von Verarbeitungsschritten umsetzen können. Dafür steht der Begriff Deep Learning, der sich als mehrschichtiges oder tiefgehendes Lernen übersetzen lässt. In Abb. 19.2 ist das für eine Anwendung illustriert, bei der Bilder ausgewertet werden und verschiedene Arten von Objekten darin erkannt werden sollen. In mehreren Schritten werden sukzessive zusammenhängende Bildausschnitte zusammengefasst, um bestimmte, immer abstrakter werdende Bildmerkmale zu extrahieren. Anschließend werden die Merkmale mittels eines weiteren Netzes analysiert und entsprechende Objekte klassifiziert. Dieses Vorgehen ist dem visuellen Verarbeitungsprozess in unserem Gehirn nachgeahmt. Auch wir identifizieren in Bildern Elemente, die wir wiederum zu größeren Elementen zusammensetzen: Ein Auto setzt sich aus einer Karosserie, Rädern, Scheinwerfern und vielen weiteren Bestandteilen zusammen.

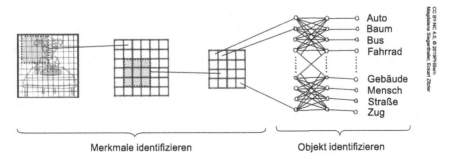

Abb. 19.2 Wie künstliche neuronale Netze zur Erkennung von Objekten aufgebaut sind – die Verarbeitung erfolgt in mehreren Stufen. (© PHBern: Magdalena Siegenthaler, Eckart Zitzler)

Welche Vorteile Deep Learning Verfahren bieten, lässt sich eindrucksvoll bei der Auswertung medizinischen Bildmaterials feststellen. Medizinerinnen und Mediziner werden jahrelang in Ausbildung und Praxis geschult, um Anomalien wie Ekzeme oder Hautkrebs auf fotografischen Nahaufnahmen zu erkennen. Hier spielen etablierte Kriterien eine Rolle, doch darüber hinaus braucht es intuitive Erfahrung wie bei der Muttersprache: gewisse Aspekte werden vor allem über die Erfahrung erlernt und als Gefühl verinnerlicht. Die Entscheidungen, die aufgrund solcher Analysen getroffen werden müssen, haben nicht nur für die Betroffenen große Auswirkungen, sondern gehen häufig mit großen Kosten einher. Umso wichtiger ist es, die Treffergenauigkeit stetig zu verbessern. Die neuartigen maschinellen Lernverfahren übertreffen mittlerweile die Trefferquote menschlicher Expertinnen und Experten. Der Grund liegt darin, dass diese sehr große Datenmengen verarbeiten und auswerten können – so viele Bilder wird keine Fachperson jemals in ihrem Leben zu Gesicht bekommen. Insofern bieten lernende Computersysteme hier ganz neue Möglichkeiten der Entlastung und Unterstützung.

Deep Learning hat nicht nur in der Medizin viele Anwendungen, sondern in nahezu allen Gebieten: Sprachinformationen – geschrieben oder gesprochen – analysieren und synthetisieren, das Aussehen von Proteinen bestimmen, Strategien für Brettspiele wie Schach und Go entwickeln oder Autos steuern. Die Automatisierung erreicht nicht nur eine höhere Flexibilität, sondern dringt vor allem in neue Bereiche vor. Maschinelle Lernverfahren sind in der Lage, Kochrezepte zu analysieren und auf dieser Basis neue Rezepte zu generieren. Ein breites Anwendungsspektrum besteht auch in der industriellen Fertigung: Wenn bereits früh erkannt wird, ob Teile fehlerhaft sind, ob Maschinen gewartet werden müssen usw., lassen sich enorme Kosten sparen. Gerade im Bereich der Robotik lassen sich diese Methoden gewinnbringend einsetzen. Und natürlich gehen mit jeder mächtigen Technik entsprechend gewichtige ethische Fragen einher. Wenn große Datenbestände vorliegen und miteinander kombiniert werden – z. B. unser Einkaufsverhalten im Internet, unser Kommunikationsverhalten, unsere Äußerungen in den sozialen Medien usw. –, dann lassen sich daraus weitreichende Erkenntnisse erzielen. Viele der Auswirkungen, die maschinelle Lernverfahren haben könnten, sind heute noch nicht vorauszusehen, sowohl im Kleinen, wenn wir an die diversen digitalen Assistenten denken, als auch im Großen, wenn es um gesellschaftsrelevante Infrastrukturen geht.

Blockchains

Die wenigsten von uns werden ihr Geld bar unter dem Bett aufbewahren, in der Regel verwalten Banken unser finanzielles Vermögen. Die Banken tätigen in unserem Auftrag Überweisungen oder nehmen Gutschriften entgegen, und wir vertrauen darauf, dass dabei alles mit rechten Dingen abläuft, also niemand Geld abzweigt oder nachträglich den Betrag einer Überweisung ändert. Banken sind die zentralen Akteure im Zahlungsverkehr und im Handel mit Währungen. Einen anderen Ansatz, der in Kap. 12 als Beispiel für das Peer-to-Peer-Prinzip aufgeführt wurde, verfolgt Bitcoin. Bitcoin steht für ein virtuelles Zahlungssystem, das 2008 erstmalig beschrieben und 2009 praktisch in Betrieb genommen wurde, und bezeichnet gleichzeitig die verwendete Geldeinheit. Beim Handel mit Bitcoins braucht es keine zentralen Kontrollstellen mehr, sondern Geldtransfers werden dezentral geregelt unter den beteiligten Mitgliedern. Vereinfacht gesagt, werden hier Institutionen durch eine technologische Plattform ersetzt, die unter dem Begriff Blockchain bekannt ist. Eine Blockchain ist zunächst nicht anderes als eine Datenbank, d. h. eine große Datensammlung von Geld-Transaktionen – so wie sie jede Bank unterhält. Allerdings handelt es sich bei einer Blockchain um eine verteilte Datenbank: Die Daten sind nicht in einer Zentrale abgelegt, sondern alle Teilnehmenden im Blockchain-Verbund besitzen eine Kopie des gesamten Datenbestands. Das bedingt, dass die Verbund-Teilnehmenden sich abstimmen und ihre Datenbestände abgleichen müssen, wenn neue Transaktionen hinzukommen. Schauen wir uns das einmal im Detail an.

Eine Blockchain besteht aus einer Kette von Datenblöcken – daher der Name. Im Fall von Bitcoin stellt jeder Block einen Datensatz von Transaktionen dar, die zum gleichen Zeitpunkt in den Datenbestand aufgenommen wurden. Die Blöcke selbst sind in der Kette streng chronologisch angeordnet, sodass Sie sich die Blockchain als riesigen Kontoauszug vorstellen können, in dem alle je getätigten Überweisungen aufgelistet sind. Die Verknüpfung der Blöcke – bildlich gesprochen handelt es sich dabei um die Kettenglieder – erfolgt über einen mathematischen Fingerabdruck, einen Satz an Prüfbits analog zur Parität (vgl. Kap. 17). Dieser Fingerabdruck ist im nachfolgenden Block gespeichert und beeinflusst wiederum dessen Fingerabdruck, siehe Abb. 19.3. Die mathematische Funktion zur Erzeugung des Fingerabdrucks ist so gewählt, dass irgendeine Änderung in einem Block unweigerlich eine Änderung seines Fingerabdrucks zur Folge hat und es praktisch unmöglich ist, einen anderen Block mit dem gleichen Fingerabdruck zu finden. Das heißt zudem: Wird ein beliebiger Block innerhalb der

Blockchain

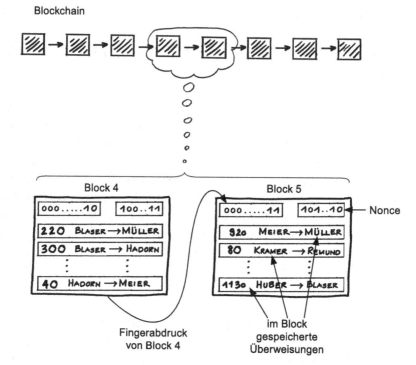

Abb. 19.3 Wie eine Blockchain aufgebaut ist. (© PHBern: Magdalena Siegenthaler, Eckart Zitzler)

Blockchain manipuliert, so müssen auch alle darauf folgenden Blöcke angepasst werden.

Die Blockchain selbst ist auf allen beteiligten Peer-Computern vollständig gespeichert, also vielfach repliziert. Um nun Transaktionen zur Datenbank hinzuzufügen und dabei die vielen Kopien im Netzwerk miteinander abzugleichen, bedarf es eines besonderen Vorgehens. Zunächst wird eine noch zu tätigende Überweisung in die Liste der offenen Transaktionen aufgenommen; zu diesem Zweck wird sie von dem Computer der Person, die sie vornehmen möchte, an alle Peers im Netzwerk verschickt. Spezielle Mitglieder des Peer-to-Peer-Verbundes, die sogenannten Miner, versuchen nun, offene Transaktionen an die Blockchain anzuhängen. Dazu muss ein Block generiert werden, der die Überweisungsdaten selbst, den Fingerabdruck des Vorgängers, sowie eine beliebige Zahl, Nonce genannt, enthält. Nonce steht für *number used once* und die Lösung eine Rätsels: Wie muss der Wert für die Nonce gewählt werden, sodass der Fingerabdruck des entsprechenden Blocks als Dualzahl dargestellt mit einer vorgegebenen Anzahl von Nullen beginnt? Dafür muss ein Miner die richtige Zahl finden, und das ist eine knifflige Aufgabe, die Rechenzeit beansprucht. Der Miner, der am schnellsten ist, wird monetär belohnt und schickt seinen Block an alle anderen im Bitcoin-Netzwerk. Die akzeptieren den neuen Block, wenn er korrekt ist und das Geld nicht bereits anderweitig verwendet wurde. Es kann zwar passieren, dass mehrere Miners gleichzeitig einen Block generieren und die Kette eine Zeit lang aufgesplittet ist. Doch im Lauf der Zeit wird sich einer der Zweige durchsetzen, d. h. von der Mehrheit der Peers akzeptiert werden, während der andere Zweig nicht weiterverfolgt wird.

Natürlich lässt sich die Blockchain-Technologie nicht nur für dezentrale Währungen einsetzen. Sie ist als verteilte, durch Peers verwaltete Datenbank überall dort nützlich, wo eine gemeinsame, vertrauenswürdige Datenbasis benötigt wird, aber nicht eine einzige Zentrale die Macht haben soll. Zudem lassen sich neben Daten auch Programme in so einer Blockchain berücksichtigen, womit digitale Verträge realisiert werden können. Ethereum steht für so ein Peer-to-Peer-System, das auf der Basis einer Blockchain das Verwalten und Ausführen von dezentralen Programmen erlaubt. So kann beispielsweise das Stromaufkommen in einem Stadtviertel, in dem verschiedene Bewohner Strom durch Solaranlagen, Windkraft und weitere Energiequellen produzieren und in das Netz einspeisen, dezentral gehandelt werden, sodass immerzu klar ist, wem wieviel zusteht und wer wieviel zu bezahlen hat. Lieferketten, wie sie u. a. bei der Autoherstellung und beim Autohandel zum Einsatz kommen, repräsentieren einen weiteren Anwendungsbereich. Ein Auto setzt sich aus verschiedenen Komponenten zusammen, die von verschiedenen Zulieferern produziert und beim Autoherstellern in das Endprodukt integriert werden. Schließlich wird das Auto verkauft, es kommt einige Male in die Reparatur und wird evtl. nach einiger Zeit als Gebrauchtwagen zum Verkauf angeboten. Für die potenziellen Käuferinnen und Käufer ist dieses Auto zunächst wie eine Black Box, sie kennen die Geschichte nicht und können den Wert des Autos nur schwer beurteilen. Aus diesem Grund hat sich in der Schweiz ein Verein gebildet, der den Lebenslauf von Autos transparent abbilden möchte und die Daten – vom Import über die Zulassung zum Verkauf, ergänzt um nachfolgende Reparaturen und Versicherungsnachweise – in einer Blockchain dezentral speichert. Alle Beteiligten, Händler, Versicherungen, Käuferinnen und Käufer und viele Weitere, haben Zugriff auf die Plattform und ermöglichen so, die gesamte Historie eines Fahrzeugs zu erfassen, um Transparenz und Fairness beim Handel zu gewährleisten.

Generell bietet die Blockchain-Technologie neue Wege, mit sensiblen Informationen und monetären Werten umzugehen. Allerdings gilt es einerseits technische Probleme zu meistern und andererseits rechtliche Herausforderungen zu bewältigen. In letzterem Fall werden Regeln in einer Technologie implementiert, was zu wichtigen praktischen Fragen führt, wenn es beispielsweise um die Haftung geht. In ersterem Fall stehen vor allem die massiven Rechenaufwände, die das Konzept der Bitcoin-Blockchain erfordert, im Fokus: Der Energieaufwand für den Bitcoin-Handel ist mit demjenigen eines Lands wie den Niederlanden zu vergleichen. Auch die anvisierte Dezentralität konnte in der Praxis nicht umgesetzt werden, denn nur äusserst wenige Miner sind im Bitcoin-Netzwerk aktiv und dominieren dies. Ob Blockchains in größerem Stil eingesetzt werden, wird sich folglich weisen müssen.

Quantum Computing

Dass Computer mit Strom rechnen und intern mit den zwei Zuständen 0 und 1 operieren, scheint uns selbstverständlich, ist es aber nicht. Bereits in Kap. 13 haben wir gesehen, dass die grundlegenden Rechenoperationen eines Computers durch die Verknüpfung von Signalfeuern realisiert werden können. Tatsächlich ist das Konzept eines Computers nicht an eine bestimmte Technologie gebunden. Charles Babbage skizzierte bereits 1834 einen Computer, der mechanisch arbeiten sollte und bei dem unzählige Zahnräder ineinander gegriffen hätten – «hätten», weil Babbage den technischen Möglichkeiten seiner Zeit weit voraus war. Der erste funktionsfähige Computer, die Z3 von Konrad Zuse, arbeitete elektromechanisch und selbst mit Wasser und DNA- Molekülen wurde schon gerechnet. Der Quantencomputer steht für eine weitere Technologie, der eine große Zukunft zugetraut wird. Er rechnet mit kleinsten Teilchen, beispielsweise Photonen (Lichtteilchen). Dabei nutzt er Effekte der Quantenmechanik, die die klassische Physik auf den Kopf stellen und unser Vorstellungsvermögen stark strapazieren, aber auch enorme Leistungssteigerungen gegenüber elektronischen Computern ermöglichen.

Das Besondere an einem Quantencomputer sind die Bits, die dort Qubits genannt werden. Während in einem klassischen Computer rückgekoppelte Schaltkreise die zwei Zustände 0 und 1 und somit die Ziffer eine Dualzahl speichern können, sind die elementaren Speicherelemente eines Quantencomputers in der Lage, Kombinationen daraus zu betrachten, in denen sich die Zustände 0 und 1 überlagern. Sie können sich das wie ein Glücksrad vorstellen, das in weiße und schwarze Felder unterteilt ist (Abb. 19.4). Solange das Glücksrad sich dreht, befindet es sich gleichzeitig im Zustand «weiß» und «schwarz»; erst wenn wir es anhalten, ist der Zustand fixiert. Genauso verhält es sich mit den Qubits: Erst wenn wir ihren Inhalt auslesen,

Klassischer Computer

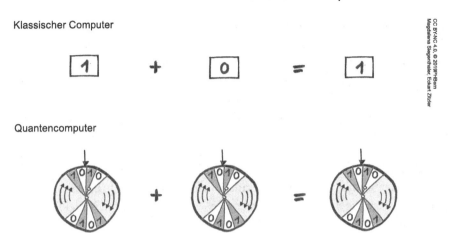

Quantencomputer

Abb. 19.4 Ein klassischer Computer kann eine Rechenoperation nur mit Einzelzahlen durchführen (oben), ein Quantencomputer hingegen kann mit Überlagerungen von 0 und 1 operieren (unten). (© PHBern: Magdalena Siegenthaler, Eckart Zitzler)

also den Wert messen, erhalten wir einen konkreten Zustand – mit einer bestimmten Wahrscheinlichkeit eine Null und mit einer bestimmten Wahrscheinlichkeit eine Eins. Zudem lassen sich Qubits zu größeren Speicherelementen kombinieren und – wiederum ein Unterschied zum klassischen Computer – miteinander koppeln oder, wie es in der Fachsprache heißt, verschränken: Die Manipulation eines einzelnen Qubits wirkt sich dabei simultan auf die anderen Qubits aus. Die große Herausforderung besteht jedoch darin, die Qubits in der Realität umzusetzen, und Forschende verfolgen dabei verschiedene Ansätze. Einer dieser Ansätze verwendet Ionen, also geladene Atome, die mittels Laserimpulsen angeregt werden können – um Speicherinhalte zu schreiben und um Rechenoperationen, analog zu den elektrischen Schaltungen, durchzuführen. Auch zum Auslesen der Speicherinhalte werden Laserimpulse verwendet.

Werden die quantenmechanischen Effekte – Überlagerung und Verschränkung – geschickt genutzt, könnten sich bestimmte Probleme, für die klassische Computer Jahre bräuchten, viel schneller lösen lassen. Während letztere zu jedem Zeitpunkt nur mit einem Zustand pro Bit operieren können, sind Quantencomputer in der Lage, mit Kombinationen dieser Zustände zu rechnen (Abb. 19.4). Dass heisst aber nicht, dass Quantencomputer einfach alle möglichen Zustände parallel verarbeiten könnten und wir nur noch die Lösung auslesen müssten. Die Kunst besteht darin, die Berechnung so zu steuern, dass die gewünschten Lösungen verstärkt und die anderen Möglichkeiten herausgefiltert werden. Einen entsprechenden Algorithmus zu entwerfen, ist äusserst anspruchsvoll, und das ist erst bei einigen wenigen Problemen theoretisch gelungen. Das Ermitteln des privaten Schlüssels bei der Public-Key-Kryptografie (vgl. Kap. 17) ist ein Beispiel, das ein Quantencomputer in kurzer Zeit lösen könnte. Auch wenn der Algorithmus dafür schon seit langem bekannt ist, so konnte er bislang nicht in die Realität umgesetzt werden. Ähnlich verhält es sich mit dem Finden von Mustern in riesigen Datenmengen, einem hochrelevanten Problem für das maschinelle Lernen – auch hier hinkt die Praxis der Theorie hinterher. Eine Anwendung, die viele Expertinnen und Experten für realistisch halten und in die sie große Hoffnungen setzen, ist die Simulation von Molekülen. Mit Hilfe von Quantencomputern könnten es gelingen, das Zusammenspiel von biologischen Molekülen und Wirkstoffen zu simulieren und somit schneller wirksame Medikamente zu entwickeln.

Trotz einzelner Erfolgsmeldungen: Es wird wohl noch dauern, bis diese Art des Rechnens in größerem Stil einsetzbar ist, und Quantencomputer werden wohl nie wie herkömmliche Computer aussehen und sie ersetzen – wahrscheinlicher ist eine Symbiose der Technologien. Um die quantenmechanischen Effekte nutzen zu können, bedarf es spezieller Laborbedingungen, die sich je nach Technologie unterscheiden: extrem tiefe Temperaturen, zuverlässige Abschirmung von noch so kleinen Umwelteinflüssen, Vakuum usw. Zwar konnte man bereits Speicherelemente mit einer größeren Anzahl von Qubits bauen, aber bislang ist es nicht gelungen, damit auch ein praktisch relevantes Problem zu lösen, z. B. einen echten privaten Schlüssel zu knacken. Parallel zu der Weiterentwicklung der Quantencomputertechnologie arbeiten Forschende daher daran, die potenziellen Sicherheitslücken in der Kryptografie zu schließen, Verschlüsselungsverfahren zu verbessern und gegen zukünftige technische Möglichkeiten zu wappnen. Zufallsgeneratoren beispielsweise können so gebaut werden, dass sie nicht manipuliert werden können. So oder so dürfen wir gespannt sein, wie sich die Technologie weiterentwickeln wird. Bislang ist es noch Zukunftsmusik, aber sie ist bereits entfernt hörbar.

Immersive Reality

Mit Computern lassen sich künstliche Welten schaffen, mit denen wir interagieren und in denen wir agieren können. Das begann schon mit den ersten Bildschirmen, die künstliche Papieroberflächen darstellten, über die Buchstaben und Zahlen huschten. Später wurde daraus der Desktop, ein virtueller Schreibtisch, der künstliche Objekte wie Dateien, Ordner und

Programme, aber auch virtuelle Bildschirme – die Fenster – beherbergen kann. Doch mittlerweile hat sich die Art und Weise, wie wir Computer bedienen und nutzen, massiv erweitert. Da gibt es beispielsweise Brillen, die Informationen auf die Gläser projizieren oder als Leinwand fungieren und dabei die Außenwelt abschirmen können, und wir somit den Augen Kopfhörer aufsetzen können. Auch die gute alte Tastatur ist längst nicht mehr alleine. Nicht nur dass wir mit Fingergesten auf Bildschirmen virtuelle Objekte manipulieren oder Kommandos mittels Sprache übermitteln können. Die 3D-Maus, die sich frei im dreidimensionalen Raum bewegen lässt, oder der Datenhandschuh, der Handbewegungen registriert, erlauben neue Formen der Interaktion. Die technologischen Fortschritte haben die Grenze zwischen den Welten aufgeweicht. Im Alltag sind sie zwar zumeist getrennt, der Bildschirm fungiert nach wie vor als Guckloch von der realen in die künstliche Welt, doch dass wir das Smartphone auf eine Gebirgskette richten und auf dem Bildschirm ein Bild mit den angeschriebenen Gipfeln sehen können, ist schon nichts Besonderes mehr (Abb. 19.5). Neben dieser Vermischung können wir auch Eintauchen in die künstliche Welt, im Gaming-Bereich hat es unzählige Beispiele.

Die Forschungsaktivitäten, die sich mit der Schaffung und Nutzung virtueller Welten beschäftigen, werden unter dem Begriff Immersive Reality zusammengefasst, wobei unterschiedliche Bezeichnungen kursieren: Mixed Reality, Extended Reality, Augmented Reality, Virtual Reality usw. Gemischt, erweitert, angereichert, virtuell oder immersiv (welches für jenes Eintauchen steht) – es geht jedes Mal um die künstlichen Welten, auch wenn der Fokus variiert. Bei der Augmented Reality, als AR abgekürzt, wird die reale Welt

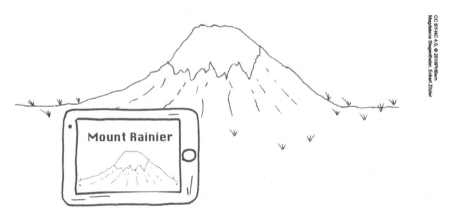

Abb. 19.5 Ein Beispiel für die Vermischung realer und künstlicher Welt. (© PHBern: Magdalena Siegenthaler, Eckart Zitzler)

um weitere, künstlich eingeführte Informationen angereichert. Ein verbreiteter Anwendungsbereich ist die Echtzeitanreicherung oder -veränderung von visuellen Informationen, wie wir das von Filtern bei Videokonferenztools kennen: Das Arbeitszimmer im Hintergrund unseres Kamerabilds wird durch eine Landschaftsaufnahme ersetzt, unsere Augenbrauen werden akzentuiert oder unser Gesicht gleich ganz durch einen Avatar ersetzt. Häufig steht dabei im Vordergrund, die Interaktion mit dem Computer zu vereinfachen. Feuerwehrleute können bei Einsätzen wichtige Mitteilungen in ihrem Gesichtsfeld lesen, ohne auf ein Smartphone oder ein anderes Gerät schauen zu müssen. Ebenso bei der Wartung oder Reparatur von Großanlagen: Die zuständigen Personen können die auszuführenden Handgriffe über eine Brille studieren und unmittelbar die wichtigen Komponenten identifizieren. Augmented Reality kann insbesondere benutzt werden, um die Sinneswahrnehmung des Menschen durch spezielle Sensoren und für uns nicht wahrnehmbare Phänome zu erweitern, seien es nun Radar- oder Wärmebilder. Allerdings sind solche Anwendungen derzeit noch rar, da sie hohe Anforderungen an die Rechenleistung stellen; schließlich müssen reale Bilder möglichst verzögerungsfrei analysiert und angereichert werden. Diese Problematik lässt sich bei der Virtual Reality (VR) vermeiden, da die künstlichen Welten vorberechnet werden können. Virtual Reality bezeichnet Szenarien, bei denen die Nutzerinnen und Nutzer komplett in eine künstliche visuelle und auditive Welt eintauchen. Anwendungen ergeben beispielsweise bei der Konstruktion von Gebäuden, die auf der Basis von Bauplänen virtuell erzeugt werden und so begehbar sind. Mit sogenannten 360-Grad-Kameras lassen sich auch Aufnahmen realer Begebenheiten erstellen, die anschließend virtuell begangen werden können. Weitere Möglichkeiten ergeben omnidirektionale Laufbänder, die die Illusion der Bewegung im virtuellen Raum verstärken können.

Ein großes Anwendungsfeld der Immersive Reality ist das Lernen. Es gibt einerseits Lernsituationen, die sich in der Realität nur eingeschränkt herstellen lassen, sei es aus Ressourcengründen, aus ethischen Gründen oder weil die Situationen nur äußerst selten auftreten. Bei der Ausbildung zur Imkerin und zum Imker müssen die Lernenden verschiedenen Handlungsabläufe durchspielen – beispielsweise die Königin identifizieren –, die aus Rücksicht auf die Bienenvölker nur in sehr begrenztem Umfang möglich sind. Hier helfen virtuelle Lernszenarien, bei denen die Auszubildenden die Aufgabe beliebig oft wiederholen können. Andererseits erlauben virtuelle Welten, Aspekte der Realität zu visualisieren und erlebbar zu machen, die für uns sonst nicht wahrnehmbar wären. Wir können durch das Weltall fliegen, die Distanzen zwischen den Planeten zeitlich erfahren und schließlich aus der Ferne auf unser Sonnensystem blicken. Oder wir können die Funktionsweise elektrischer Schaltkreise anhand verschiedener Analogien begreifbar machen. Ein und derselbe Schaltkreis kann in seiner Dynamik in Zeitlupe beobachtet werden, er kann als Elektronenstrom, als Wasserkreislauf mit Pumpen oder als mechanisches System aus Zahnrädern und Ketten dargestellt werden, und in jeder Bildsprache kann er beliebig verändert werden. Solche Ansätze bereichern das Lernen und erweitern das Repertoire von zweidimensionalen Abbildern und Erklärfilmen um ein Vielfaches.

Das Potenzial der Immersive Reality ist groß, insbesondere in Kombination mit anderen Möglichkeiten der Computertechnik. Wenn Designer eines Hubschraubers gemeinsam an einem dreidimensionalen Modell desselben arbeiten können, es «umlaufen» und bestimme Aspekte diskutieren können, wenn sie zudem in Echtzeit das Verhalten des Modells simulieren können – quasi im virtuellen Windkanal –, und wenn anschließend noch Piloten den virtuellen Prototypen testen können, dann lässt sich damit die Zeit vom Entwurf bis zum realen Prototypen wesentlich reduzieren. Oder stellen wir uns den Städtebau vor: Ein Ortsteil soll weiterentwickelt werden, mehrere Neubauten sind geplant und die Verkehrsführung ist anzupassen. Mit Hilfe eines VR-Systems könnten nicht nur Stadtbauplanerinnen und -planer um einen virtuellen Tisch herum verschiedene Varianten diskutieren, sondern es wäre auch möglich, Bewohnerinnen und Bewohner sowie anderweitig Betroffene einzubeziehen und ihre Sichtweisen früh im Planungsprozess zu berücksichtigen. Wenn wir noch etwas weiter vorausdenken, so wird sich die gesamte Mensch-Maschine-Interaktion ständig weiterentwickeln. In Filmen werden schon seit längerem Zukunftsszenarien visualisiert, in denen beliebige Objekte, z. B. Fensterscheiben, als Projektionsflächen für künstliche Bilder dienen und auf denen wir mit Fingern virtuelle Objekte manipulieren können. Es ist durchaus denkbar, dass Computer als eigenständige Geräte immer unsichtbarer werden. Warten wir ab, wohin die Reise geht.

Cool-down

Es gibt reichlich Gelegenheiten, von hier aus weiterzugehen – wenn Sie wollen. Sie haben nun das Rüstzeug, selbst Streifzüge durch die Computerwissenschaften zu unternehmen. Wenn Ihnen die Art des nichttechnischen Zugangs in diesem Buch zusagt und Sie Ihr Verständnis weiter vertiefen wollen, könnte „Dem Computer ins Hirn geschaut" ein guter Anknüpfungspunkt für Sie sein. Wenn Sie die Konzepte aus diesem Buch konkret anwenden wollen, versuchen Sie sich doch einmal in einer Programmiersprache, z. B. Scratch oder Python – im Web finden Sie unzählige Tutorials und Plattformen, die Ihnen den Einstieg hier erleichtern. Oder sie lesen noch ein Kapitel weiter und vertiefen die Thematik des Deep Learning.

20

Wenn Maschinen sprechen

Warm-up

Die Sprache erschien lange Zeit zu komplex, zu undurchdringlich, als dass sie von Computern umfassend eingesetzt werden könnte. Natürlich, wir haben Vorstellungen davon, was Sprache ist, aber im Detail sind viele Fragen offen: Wie entsteht Sprache, wie übersetzen wir unsere Überlegungen in eine sprachliche Ausdrucksform und was läuft dabei in unserem Gehirn ab? Gleichzeitig ist der Wunsch, Roboter mit Sprechfähigkeiten auszustatten, um mit Menschen zu kommunizieren, bereits in den ersten Science-Fiction-Filmen zu erkennen. Alan Turing ersann nicht ohne Grund den nach ihm benannten Test, um die Möglichkeiten eines Computers zu beurteilen: Wenn wir nämlich einzig über Tastatur und Bildschirm mit einem nicht sichtbaren Gegenüber interagieren und dabei entscheiden müssen, ob das Gegenüber ein Mensch oder ein Computer ist.

Dem Computer das Sprechen beibringen

Computern das Sprechen beizubringen, ist ein lang gehegter Traum. Tatsächlich experimentierte man schon in den 1960er Jahren mit Programmen, die sprachlich mit Menschen kommunizieren können. Heute werden sie als Chatbots bezeichnet, eine Zusammensetzung aus den englischen Begriffen chat (sich unterhalten, plaudern) und bot (Kurzform für robot); es handelt sich dabei um autonome Dialogsysteme.

Einer der ersten Chatbots war ELIZA von Joseph Weizenbaum. Bekannt wurde er vor allem durch eine Anwendung, die auf oberflächliche Art und Weise einen Gesprächstherapeuten zu simulieren versuchte. Der Ansatz

© Springer-Verlag GmbH Deutschland, ein Teil von Springer Nature 2025
E. Zitzler, *Basiswissen Informatik*, https://doi.org/10.1007/978-3-662-70121-8_20

bestand darin, Elemente in den Aussagen der Menschen zu identifizieren, z. B. Schlüsselwörter wie you, me, remember oder sorry, und daraufhin mit vordefinierten Antworten und Gegenfragen zu reagieren, wie es in Abb. 20.1 gezeigt wird. Es ging dabei nicht um das Verstehen der Inhalte, sondern vielmehr darum, die Inhalte geschickt umzuformulieren, sodass die Illusion eines Gesprächs entstand. Trotz des verhältnismäßig einfachen Antwortschemas waren einige Testpersonen damals überzeugt, dass das Programm die geäußerten Aussagen verstehen würde.

Seitdem hat man immer wieder versucht, Programme zu schreiben, die Texte analytisch zerlegen und ihre Bedeutung erschließen können. In diesem Fall sind es Menschen, die sich Regeln ausdenken, wie Sprache automatisiert produziert werden kann. Doch trotz stetiger Fortschritte war man lange Zeit nicht in der Lage, Texte zu generieren, die tatsächlich auch von einem Menschen stammen könnten.

Der Durchbruch gelang schließlich, als man sich von der Idee verabschiedete, von Menschen ein Analyseprogramm schreiben zu lassen. Stattdessen

Abb. 20.1 Wie der Chatbot ELIZA aufgrund von vordefinierten Regeln Aussagen in Fragen umwandelt. (© PHBern: Magdalena Siegenthaler, Eckart Zitzler)

setzte man künstliche neuronale Netze ein, die man auf Unmengen von Textbeispielen trainierte. Auch hier musste man zunächst Erfahrungen sammeln und die richtigen Architekturen und Trainingsmethoden entwickeln, vgl. Deep Learning in Kap. 19, doch im Jahr 2022 war es dann so weit. Mit ChatGPT wurde ein riesiges künstliches neuronales Netz der breiten Öffentlichkeit bekannt, das auf bis dahin unvorstellbar großen Textdaten trainiert wurde, unter Nutzung immenser Rechenleistungen. Die Möglichkeiten dieses Softwaresystems übertrafen das Bestehende bei Weitem; zum ersten Mal hatte man das Gefühl, dass da tatsächlich menschenähnliche Texte produziert wurden.

Im Folgenden werden wir uns anschauen, wie moderne Chatbots funktionieren und auf welchen Konzepten sie beruhen. Das Prinzip der Vorgehensweise ist sehr einfach: Ausgehend von einem vorgegebenen Text wird versucht, ein weiteres Wort hinten anzuhängen, und dieses Schema wird wiederholt angewandt, sodass der Eindruck des »Sprechens« und ein Sinnzusammenhang entsteht.

Ein Gedankenexperiment

Die Idee, immer nur ein Wort anzuhängen und so einen Text zu generieren, erinnert an das Spiel, in dem eine Gruppe von Menschen zusammen einen möglichst langen Satz generiert: Die erste Person fängt mit einem beliebigen Wort den Satz an, die nächste Person wiederholt den Satzanfang und hängt ein weiteres Wort dran usw. Dass ein Computer dieses Spiel für sich simulieren und dass so auch noch ein sinnvoller Text entstehen soll, wirkt auf den ersten Blick absurd. Denn: Wie kann ein Computer etwas sagen, wenn er gar nicht weiß, was er sagen will? Die Frage ist berechtigt. Sie hängt allgemein damit zusammen, was man mit einem Chatbot bezweckt bzw. von ihm erwartet.

Stellen wir diese Frage für einen Moment zurück und lassen Sie uns mit einem Gedankenexperiment starten. Wie könnte das oben genannte Spiel automatisiert werden, zumindest theoretisch?

Nehmen wir an, wir hätten alle je geschriebenen Texte zur Verfügung, sagen wir in Hochdeutsch. Und wir könnten zählen, wie häufig ein Wort auf eine vorgegebene Wortsequenz folgt. Wenn wir beispielsweise unser Spiel mit dem Wort »die« beginnen würden, dann wird »Pferd« als Folgewort wohl die sprachliche Ausnahme bleiben, »Frage« hingegen ist vermutlich häufiger. Natürlich ist das mit einem Wort noch recht beliebig. Doch sobald wir eine längere Sequenz betrachten, z. B. »die Eule sitzt auf dem«, dann ist die Auswahl der nachfolgenden Wörter wesentlich eingeschränkter, die zusammen einen Sinn ergeben. Jetzt sind »Baum« oder »Ast« sehr wahrscheinlich, vielleicht auch »Dach«. Abb. 20.2 illustriert das Prinzip. Wenn wir also jeweils die Texte durchgehen und im Anschluss würfeln sowie proportional zu den Häufigkeiten auswählen, dann kann so ein Text entstehen. Nur: Ergibt das einen sinnvollen Text? Gute Frage. Nun, moderne Chatbots zeigen, dass das grundsätzlich funktionieren kann, dazu später mehr.

Eine riesige Textmenge nach einem gegebenen Ausgangstext zu durchforsten und die Häufigkeiten der darauf folgenden Wörter zu zählen – das ist die Grundidee, kombiniert mit einer Prise Zufall. Das Ganze funktioniert natürlich nur in der Theorie, denn alle deutschen Texte im Internet bei einer Anfrage zu durchsuchen, ist unrealistisch; wir erwarten ja unmittelbar eine Antwort eines Chatbots. Wir müssen die Suche also im Vorfeld vornehmen.

Dazu könnten wir Tabellen anlegen, die für jeden möglichen Satzanfang die Häufigkeiten des nachfolgenden Worts speichern. Nehmen wir an, wir hätten ein Wörterbuch mit 30′000 Wörtern, dann würde die Tabelle für Satzanfänge mit nur einem Wort 30′000 hoch 2 Einträge besitzen. Betrachten wir Satzanfänge mit 19 Wörtern, dann hätte die Tabelle 30′000 hoch 20 Einträge; das ist mehr als eine 1 mit 80 Nullen hintendran und auch mehr als alle Atome im Universum. Das lässt sich also weder berechnen, noch speichern.

Heutige Chatbots versuchen, dieses Prinzip anders umzusetzen, obwohl die zugrunde liegende Idee gleich bleibt. Der obige Ansatz steht für ein

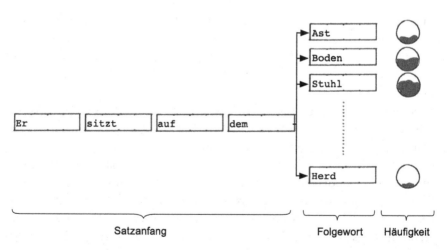

Abb. 20.2 Wie wahrscheinlich sind die folgenden Wörter? (© PHBern: Magdalena Siegenthaler, Eckart Zitzler)

Sprachmodell, das das nächste Wort rein statistisch bestimmt. Demgegenüber versuchen moderne Ansätze, die Bedeutung von Wörtern zu erfassen
und mit diesen Informationen die Wahrscheinlichkeiten abzuschätzen, anstatt effektiv zu zählen. Das Sprachmodell, wie das nächste Wort bestimmt
wird, ist also ein anderes. Moderne Chatbots verwenden ein Sprachmodell,
das Bedeutungen abzuleiten versucht; darüber hinaus ergänzen sie dieses mit
verschiedenen Elementen, die die Interaktion mit Menschen ermöglicht.

Die Bedeutung von Wörtern

Beginnen wir bei uns selbst: Wie können wir die Bedeutung eines Worts erfassen, woher wissen wir, was damit gemeint ist?

Wenn wir an ein Wort denken, dann sind für uns damit unzählige konkrete Erfahrungen verknüpft, beispielsweise wenn unsere Eltern auf eine
Kuh gezeigt haben und dazu »Muh« gesagt haben. Später haben wir gelernt,
zu dem »Muh« »Kuh« zu sagen. Mit den Erfahrungen sind Empfindungen
und Gefühle verknüpft, angenehme, unangenehme, auch neutrale, und all
das schwingt mit, wenn wir an dieses Wort denken.

Steht uns ein Grundwortschatz zur Verfügung, können wir neue Wörter
auch durch Erklärungen und beispielhafte Verwendungen lernen. Nehmen
wir an, jemand möchte ihnen nahebringen, was das Fantasiewort »Rantutu«
bedeutet. Dann könnte er das beschreiben und auch Beispielsätze liefern, in
denen »Rantutu« vorkommt:

- Rantutu ist eine Flüssigkeit.
- Rantutu wird vor allem im Sommer getrunken.
- Manche Kinder mögen Rantutu sehr gerne.
- Rantutu wird in der Regel mit Wasser verdünnt.
- Rantutu wird hergestellt u. a. aus Holunderblüten.

Wenn sie sich die Sätze ansehen, werden sie vermutlich darauf kommen,
dass es sich um Holundersirup handelt. Wenn wir nur die ersten drei Sätze
zur Verfügung haben, könnte es sich bei Rantutu auch um Zitronenlimo-
nade oder Orangensaft handeln. Damit ist auch gesagt, dass die Bedeutungen von Wörtern zudem vom Zusammenhang abhängen, in dem sie eingesetzt werden. Insbesondere gilt dies für Wörter mit mehreren Bedeutungen
wie z. B. »Schloss« und »Schimmel«.

Trotzdem ist damit noch nicht geklärt, wie wir denn die Bedeutung eines
Worts effektiv fassen können, vor allem so, dass sie mit einem Computer

verarbeitet werden kann. Eine Möglichkeit besteht darin – Linguisten haben sie bereits vor Jahrzehnten ersonnen –, Wörter über quantitative Kriterien zu charakterisieren. Beispielsweise könnten wir Emotionen wie Angst, Traurigkeit, Fröhlichkeit, Wut etc. betrachten und mit einer Zahl ausdrücken, wie eng wir die entsprechende Emotion mit dem Wort verbinden. Natürlich wäre so eine Charakterisierung subjektiv, doch sie ließe sich über eine Mittelung auch verallgemeinern. Alternativ könnten wir abstraktere Kriterien einsetzen. Zum Beispiel könnten wir pro Wort bestimmen, welche emotionale Wertigkeit es für uns besitzt und welche emotionale Intensität es bei uns auslöst, wie es in Abb. 20.3 gezeigt ist.

Sie können sich das so vorstellen, als würden wir die Wörter unseres Wortschatzes auf einer Landkarte platzieren, und zwar so, dass Wörter mit ähnlichen Bedeutungen nahe beieinander lägen. Die Distanz widerspiegelte, wie nahe sich zwei Wörter hinsichtlich ihrer Bedeutung stünden. Und natürlich können wir noch viele weitere Kriterien definieren wie den Worttyp – inwiefern ein Wort adjektivisch, substantivisch, adverbial usw. genutzt wird – oder den Verwendungszweck – in welchen Texttypen (Prosa, Sachtexte, Umgangssprache usw.) es primär eingesetzt wird. Je mehr Kriterien wir betrachten, desto mehr könnten wir uns der Bedeutung eines Wortes mittels einer mathematischen Beschreibung annähern.

Solche eine Abbildung von Wörtern in einen Zahlenraum – oder wenn wir so wollen: quantitativen Bedeutungsraum – ist umso besser, je genauer die Bedeutungsähnlichkeiten und -unterschiede sich damit erfassen lassen. Der Fachbegriff für eine solche Abbildung ist Word Embedding, die Zahlensequenz, die die Bedeutung quantitativ beschreibt, ist der Bedeutungsvektor.

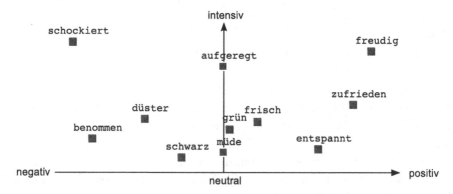

Abb. 20.3 (Subjektive) Klassifikation einiger Wörter anhand der zwei Kriterien «emotionale Intensität» und «Wertigkeit». (© PHBern: Magdalena Siegenthaler, Eckart Zitzler)

Klar ist, dass ein Word Embedding auch immer den Kontext mit berücksichtigen muss, in dem ein Wort benutzt wird. Das Wort «Schloss» beispielsweise kann ein Vorhängeschloss bezeichnen ebenso wie eine Burg; die konkrete Bedeutung ergibt sich aus dem Zusammenhang. Und genau nach diesem Prinzip arbeiten moderne Chatbots.

Wie moderne Chatbots funktionieren

Moderne Chatbots basieren auf Deep Learning und entsprechend großen künstlichen neuronalen Netzen, siehe Kap. 19. Ihre grundsätzliche Arbeitsweise ist einfach zu verstehen. Zunächst wird für alle Wörter in einer zu ergänzenden Anfangssequenz ein entsprechender Bedeutungsvektor generiert. Dabei werden die Zusammenhänge zwischen den Wörtern, also die Kontexte, noch außer acht gelassen; die Bedeutungsvektoren stellen demgemäß nur erste Annäherungen dar. Anschließend werden die Bedeutungsvektoren schrittweise geschärft. Dazu werden alle Wörter in der Anfangssequenz in Beziehung zueinander gesetzt und die Bedeutungsvektoren angepasst. Und zum Schluss wird auf Grundlage der verfeinerten Sequenz von Bedeutungsvektoren für jedes Wort im Sprachschatz geschätzt, wie wahrscheinlich es ist, als nächstes Wort in der Anfangssequenz vorzukommen.

So viel zum Prinzip. Aber natürlich ist alles etwas komplizierter.

Zuerst einmal arbeiten moderne Chatbots nicht mit Wörtern, sondern mit kleineren Wortbestandteilen, sogenannten Tokens. Man kann sich Tokens wie Silben vorstellen, auch wenn sie nicht notwendigerweise Silben entsprechen. Ein Chatbot zerlegt Wörter in kleinere Einheiten, um möglichst präzise Vorhersagen machen und auch sehr seltene Wörter besser behandeln zu können. Die Art und Weise, wie Tokens aussehen, variiert von Chatbot zu Chatbot. Abb. 20.4 zeigt ein Beispiel, wie ein Satz in eine Sequenz von Tokens zerlegt werden kann. Wichtig dabei ist, dass auch Sonderzeichen wie Leerschritte, Punkte, Kommata ebenso wie Anfang und Ende einer Textsequenz mit abgebildet werden. Die Anfangssequenz – im Fachjargon wird sie Prompt genannt, wobei Prompt ursprünglich eine Eingabeaufforderung bezeichnet – wird demnach zuerst in eine Folge von Tokens überführt. Und am Ende werden die Tokens wieder in Buchstabenfolgen zurückübersetzt.

Die erste Phase überführt die Tokensequenz in eine Sequenz von Bedeutungsvektoren. Jedem Token wird ein fixer Bedeutungsvektor zugewiesen, unabhängig davon, in welchem Kontext das Token auftritt; das Prompt, in das ein Token eingebettet ist, hat in dieser Phase keinen Einfluss auf den

Wörter

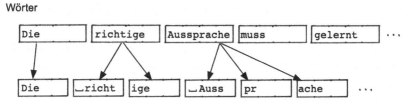

Tokens

Abb. 20.4 Der erste Schritt: die Zerlegung einer Anfrage in eine Folge von Tokens; dabei werden auch Sonderzeichen wie Leerschritte einbezogen. (© PHBern: Magdalena Siegenthaler, Eckart Zitzler)

Bedeutungsvektor. Welche Kriterien dabei zum Einsatz kommen? Das wird gar nicht festgelegt. Die Chatbot-Entwicklerinnen bestimmen einzig, wie viele Kriterien es gibt, ohne diese zu beschreiben – häufig werden 10'000 und mehr Zahlenwerte pro Bedeutungsvektor verwendet. Es hat sich gezeigt, dass die künstlichen neuronalen Netze bessere Resultate liefern, wenn keine Vorgaben gemacht werden. Der Lernalgorithmus findet in der Trainingsphase – auf die gehen wir später ein – eigenständig heraus, wie die Elemente der Bedeutungsvektoren verwendet werden. Interessanterweise lassen sich aus den selbstdefinierten Kriterien durchaus linguistische Aspekte wie Worttypen ableiten.

In der zweiten Phase werden die Bedeutungsvektoren von allen Tokens in der Sequenz nochmals aufwändig justiert, und zwar in Abhängigkeit davon, welche andere Tokens in der Sequenz auftauchen. Vielleicht repräsentieren zwei Tokens zusammen ein Verb, und dieses Verb wiederum hat Einfluss auf die Bedeutung zwei anderer Tokens in der Nähe, die ein Substantiv repräsentieren. Dafür werden sogenannte Transformer verwendet, das sind spezifische Netzwerkarchitekturen, die wesentlich für die Fortschritte im Bereich der Chatbots verantwortlich sind. Wir schauen uns diese Phase gleich noch genauer an, für den Moment müssen Sie nur verstehen, dass in einem mehrstufigen Prozess die Bedeutungsvektoren in der Sequenz gemäß ihrem Kontext angepasst werden.

In der letzten Phase werden dann die Wahrscheinlichkeiten geschätzt, auf deren Basis ein Token ausgewählt und an den aktuellen Text angehängt wird. Und zwar wird für jedes Token in der Bibliothek ein separater Wahrscheinlichkeitswert ermittelt, alleinig auf der Basis des verfeinerten Bedeutungsvektors des letzten Tokens in der betrachteten Tokensequenz. Und anschließend wird gewürfelt und proportional zu den geschätzten Wahrscheinlichkeiten ein Token ausgewählt. Dieser Vorgang wird nun wiederholt, wobei die anfängliche Tokensequenz um das neue Token erweitert ist; die vorherigen Berechnungen können dabei ausgenutzt werden. Erst wenn ein Token gewählt wird, dass das Ende eines Textes signalisiert, ist die Antwort vollständig und wird der Vorgang abgebrochen.

Fassen wir noch einmal zusammen, vgl. Abb. 20.5. Zuerst wird der Anfangstext in eine Tokensequenz übersetzt. Anschließend werden folgende drei Phasen repetiert, bis ein spezielles Token das Ende der Antwort festlegt:

1. Allen Tokens in der Sequenz wird eine Bedeutung zugewiesen unabhängig vom Kontext.
2. Die Bedeutungen der Tokens in der Sequenz werden in Abhängigkeit voneinander geschärft.
3. Aus den geschärften Bedeutungen werden für alle möglichen Tokens Wahrscheinlichkeiten geschätzt, auf dieser Basis wird das nächste Token in einem Zufallsprozess ausgewählt.

Lassen Sie uns noch einen genaueren Blick auf Phase 2 werfen, denn hier ist die Technologie verborgen, die den Chatbots entscheidend zum Durchbruch verholfen hat. Die Rede ist von den Transformer-Netzwerkarchitekuren, die

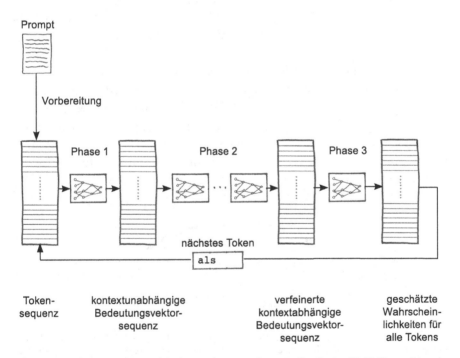

Abb. 20.5 Schematische Architektur eines modernen Chatbots. (© PHBern: Magdalena Siegenthaler, Eckart Zitzler)

das Prinzip der Attention realisieren. Mit Attention ist nichts anderes als Fokus gemeint und in unserem Zusammenhang heißt das: Fokussierung auf bestimmte Aspekte der Bedeutungsvektoren.

Ein Transformer ist ein riesiges künstliches neuronales Netzwerk, das aus mehreren, hintereinander geschalteten Modulen besteht, die die gleiche Architektur besitzen. Solche Netzwerke können darauf trainiert werden,

- bestimmte Aspekte der Bedeutungsvektoren auszuwählen,
- die entsprechenden Tokens, die hinsichtlich dieser Aspekte hervorstechen, auszuwählen und
- den Bedeutungsvektor des Tokens, das wir gerade anschauen, in Abhängigkeit von den gewählten Tokens abzuändern.

Sie können sich das so vorstellen: Wenn Sie einen Satz lesen, indem das Wort »Schloss« vorkommt, so suchen sie – zumeist unbewusst – nach Hinweisen, die die gemeinte Bedeutung offenlegt. Kommt beispielsweise das Substantiv »Schlüssel« in dem Satz vor oder ein Verb wie »wohnen«? Zumeist müssen wir mehrere dieser Hinweise kombinieren, um zu verstehen, was mit »Schloss« im konkreten Satz gemeint ist. Um solche Hinweise geht es bei dem Prinzip der Attention, vgl. Abb. 20.6: »Achte auf bestimmte Substantive!« oder »Achte auf bestimmte Verben!« oder »Achte auf bestimmte Wortkombinationen!«

Ein Modul eines Transformers kann mehrere von solchen Fokussen und zudem alle Tokens parallel betrachten. Das heißt, alle Bedeutungsvektoren können gleichzeitig zueinander in Beziehung gesetzt und entsprechend angepasst werden. Die Möglichkeit zur Parallelverarbeitung ist entscheidend für die heutigen Chatbots, denn so können sie mit riesigen Datenmengen trainiert werden. Zudem werden mehrere Module in einem Transformer hinter-

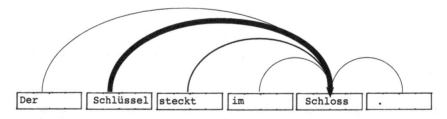

Abb. 20.6 Ein Transformer-Modul erlaubt es, Beziehungen zwischen Tokens zu berücksichtigen und so die Bedeutungen anzupassen; das Token »Schloss« wird durch die anderen Tokens in der Sequenz beeinflusst, die Pfeildicke spiegelt die Größe des Einflusses wider. (© PHBern: Magdalena Siegenthaler, Eckart Zitzler)

einander geschaltet, jedes ist auf spezifische Eigenschaften ausgerichtet. Bei ChatGPT waren es im November 2022 insgesamt 96 Module, die zum Einsatz kamen.

Natürlich kommt die Frage auf, warum ausgerechnet diese Architektur zum Erfolg geführt hat. Die Antwort ist, dass sich die Design-Prinzipien aus unzähligen Erfahrungen herausgeschält haben und das Ergebnis eines langwierigen Trial-and-Error-Prozesses sind. Man hat probiert, sich überlegt, was funktionieren könnte, wieder probiert, verfeinert usw. Und die hier beschriebenen Architekturprinzipien repräsentieren definitiv nur einen Zwischenstand, der noch weiter entwickelt werden wird.

Wie werden Chatbots trainiert?

Die im vorherigen Abschnitt beschriebene Chatbot-Architektur stellt nur das Gerüst dar, natürlich muss es noch trainiert werden. Und die Trainingsphase ist äußerst aufwändig. So aufwändig, dass sich nur große Konsortien die entsprechenden Aufwände leisten können. Das Training kann durchaus mehrere Monate und mehrere 10'000 GPUs (vgl. Kap. 19) benötigen.

Die großen Sprachmodelle, wie sie in ChatGPT zur Anwendung kommen, werden zunächst einmal mit Texten gefüttert, mit einer extrem großen Anzahl an Texten. Bei jedem Text wird für jede Stelle im Text die vorangegangene Wortsequenz genommen, um das nächste Wort vorherzusagen; in Abhängigkeit von der Antwort wird das gesamte künstliche neuronale Netzwerk angepasst, und zwar über alle Phasen hinweg. Welche Quellen im Einzelnen verwendet werden, ist häufig nicht bekannt. Bei GPT-3, einem Vorgänger des 2022 vorgestellten Chatbots, machten Webseiten, die durch Webcrawler aus dem Internet extrahiert wurden, den größten Anteil aus; weniger als ein Viertel waren qualitativ hochwertige Quellen wie Bücher, dafür wurden sie mehrfach fürs Lernen benutzt und bekamen somit ein höheres Gewicht. Wikipeda beispielsweise trug mit ca. 3 Mrd. Tokens zu ungefähr 3 % des gelernten Textvolumens bei. Andere Sprachmodelle werden mit mehreren Billionen Tokens trainiert, bei mehreren Milliarden Parametern.

Das Training beinhaltet aber noch mehr, als nur das nächste Wort vorherzusagen. Das obige Training stellt das basale Sprachmodell zur Verfügung, doch es muss noch weiter trainiert werden, um 1) auf Fragen und Instruktionen reagieren zu können und 2) problematische Äußerungen zu vermeiden.

In der Regel interagieren wir mit einem Chatbot über Fragen und Instruktionen und erwarten entsprechenden Antworten. Arbeiten wir jedoch mit einem rohen Sprachmodell und stellen eine Frage, dann kann es passieren, dass der Chatbot die gestellte Frage ergänzt, z. B. mit weiteren Fragen. Deswegen braucht es noch eine spezifische Trainingsphase, in der Frage-Antworten-Textblöcke bzw. Instruktions-Antworten-Textblöcke zur Verfügung gestellt werden und das Chatverhalten eingestellt wird. Beispielhaft für solche Fragen bzw. Instruktionen können sein: «Was ist ein Chatbot?», «Fasse diesen Text zusammen», «Schreibe diesen Text um im Stil von Shakespeare». Die entsprechenden Antworten werden semiautomatisch aus bestehenden Texten generiert. Zum Lernen wird die Frage bzw. die Instruktion vorgegeben und die entsprechende Antwort soll tokenweise vorhergesagt werden. Hier werden wesentlich weniger Trainingsdaten verwendet (100'000 bis zu einer Million solcher Blöcke).

Des Weiteren wird das Chatverhalten weiter verfeinert, indem Menschen Antworten des Chatbots verifizieren und Feedback geben. Beispielsweise stellt man dem Chatbot eine Frage und lässt daraufhin mehrere Antworten generieren. Die Menschen wählen die Beste aus oder nehmen eine Rangierung der Antworten vor, woraufhin das künstliche neuronale Netz adaptiert wird. Der Effekt von solchem menschlichen Feedback ist, dass die Antworten genauer werden, auch freundlicher und harmloser. Extreme Äußerungen – die es ja im Internet zweifelsohne gibt und die nicht per se vom Training ausgeschlossen werden können – sollen dadurch vermieden werden.

Schließlich werden viele weitere Feinjustierungen des Chatbots vorgenommen. Beispielsweise werden zusätzlich Filter eingebaut, um die Gefahr gefährlicher Äußerungen weiter zu reduzieren. Oder das Prompt wird zunächst für eine Internetsuche genutzt und einige der Suchresultate werden dann unsichtbar für die Nutzenden vor der eigentlichen Anfrage in das Prompt eingefügt.

Wie Sprachmodelle die Informatik verändern

Das Erstaunliche ist, und das hat die Öffentlichkeit beim Erscheinen von ChatGPT 2022 so in Aufruhr versetzt: Zum ersten Mal sind Chatbots in der Lage, zusammenhängende, korrekte Text zu produzieren und sinnvoll auf Fragen zu antworten. Der Nutzen dieser Technologie ist vielfältig. So lassen sich

- aus Stichworten zusammenhängende Texte generieren,
- Zusammenfassungen schreiben,
- Texte verbessern und ändern (stilistisch, orthografisch usw.),

- Chatbots im Service und im Support nutzen, um menschliche Beratende zu entlasten,
- umfassendere Internetrecherchen durchführen, die Ergebnisse in einem Text zusammenführen,
- Übersetzungen vornehmen,
- Programmierende unterstützen, indem Code-Fragmente zur Verfügung gestellt werden
- usw.

Die Anwendungsgebiete sind vielfältig und werden sich im Laufe der Zeit erweitern. Das führt u. a. auch dazu, dass in diversen Anwendungen Chatbots eingebunden werden, sei es in Textverarbeitungsprogrammen oder Programmierumgebungen.

So erstaunlich es erscheint, dass Chatbots Texte generieren können – es stellen sich auch diverse Herausforderungen. Chatbots sind letztlich statistische Wortvorschlagsgeneratoren, basierend auf allen Texten, mit denen sie gefüttert wurden. Ihr Datenhunger ist riesig, gleichzeitig ist die Verfügbarkeit von qualitativ hochstehenden Texten wie journalistischen Artikeln, Fachbüchern usw. verhältnismäßig gering. Es ist unvermeidbar, dass die resultierenden Texte eine Färbung haben, sei sie nun politisch, kulturell oder altersbezogen.

Des Weiteren gibt es keine Garantie, dass die generierten Texte tatsächlich Aussagen wiedergeben, die sich in den Trainingsdaten befinden. Das ergibt sich bereits aus dem Grundkonzept, das wir in diesem Kapitel dargelegt haben. Man spricht in diesem Fall von Halluzinationen. Das ist vor allem problematisch bei Wissensfragen. Erstaunlicherweise werden die interessantesten Texte produziert, wenn der Zufall bei der Auswahl des nächsten Worts eine stärkere Rolle spielt (dies kann bei ChatGPT über den Temperaturparameter gesteuert werden). So ist auch sichergestellt, dass dieselbe Frage unterschiedliche Antworten generieren kann. Wird der Zufall ausgeschaltet und immer das Wort mit der höchsten Wahrscheinlichkeit ausgewählt, so kommen zumeist äußerst langweilige Texte heraus.

Natürlich gehen die Entwicklungen weiter. Sprachmodelle werden mit visuellen, auditiven, aber auch weitere Daten wie medizinischen Daten (EEGs z. B.) verknüpft. So können nichtsprachliche Informationen in Sprachinformationen transformiert werden oder es lassen sich aus textuellen Beschreibungen Bilder oder Musik erzeugen.

Die vielleicht erstaunlichste Entwicklung betrifft die Informatik selbst. Denn mit Deep Learning-Verfahren und den extrem großen künstlichen neuronalen Netzen hat sich ein Vorgehen etabliert, bei dem mit verschiedenen Ansätzen experimentiert wird, bis eine vielversprechende Lösung entsteht. Dies im Gegensatz zum traditionellen Vorgehen, bei dem ein System konzipiert wird, das von den entwickelnden Menschen verstanden wird. Bei Chatbots ist das anders: Auch die Menschen, die an der Entwicklung beteiligt sind, können nicht im Detail erklären bzw. beweisen, warum die Sprachmodelle funktionieren und wie sie am besten eingesetzt werden können. Wir alle, die wir diese Sprachmodelle einsetzen, experimentieren mit diesen neuen Werkzeugen. Die Formulierung von Prompts ist eine Kunst für sich, zumal sich die Prompts mit jedem Modell und mit jeder neuen Version anders verhalten können.

Cool-down

Große Sprachmodelle bieten neue Möglichkeiten, mit Informationen umzugehen, sie zu verdichten und auszudrücken. Gerade in Kombination mit anderen Datentypen – Bilddaten, Audiodaten usw. – ergeben sich unzählige neue Anwendungen. Gleichzeitig ist die neue Technologie fehleranfällig, da sie auf Architekturheuristiken beruht und nicht bis ins letzte Detail verstanden ist. Es ist je nach Anwendungsfall zu prüfen, welche Nutzen die Sprachmodelle bieten können und wo Vorsicht geboten ist.

Printed in the United States
by Baker & Taylor Publisher Services